山东省技能型人才培养特色名校建设教材

会计分岗位实训

主　编：吴向阳
副主编：张　玉　贾丽娟　刘　晔　陈桂香

科学技术文献出版社
SCIENTIFIC AND TECHNICAL DOCUMENTATION PRESS
·北京·

图书在版编目（CIP）数据

会计分岗位实训 / 吴向阳主编. —北京：科学技术文献出版社，2015. 9（2017. 7 重印）
ISBN 978-7-5189-0591-1

Ⅰ.①会… Ⅱ.①吴… Ⅲ.①会计学—高等职业教育—教材 Ⅳ.① F230

中国版本图书馆 CIP 数据核字（2015）第 189550 号

会计分岗位实训

策划编辑：崔灵菲　　责任编辑：王瑞瑞　　责任校对：赵　瑷　　责任出版：张志平

出 版 者　科学技术文献出版社
地　　址　北京市复兴路15号　邮编 100038
编 务 部　（010）58882938，58882087（传真）
发 行 部　（010）58882868，58882874（传真）
邮 购 部　（010）58882873
官方网址　www.stdp.com.cn
发 行 者　科学技术文献出版社发行　全国各地新华书店经销
印 刷 者　虎彩印艺股份有限公司
版　　次　2015 年 9 月第 1 版　2017 年 7 月第 3 次印刷
开　　本　787 × 1092　1/16
字　　数　169千
印　　张　16
书　　号　ISBN 978-7-5189-0591-1
定　　价　58.00元

前　言

《会计分岗位实训》教材是山东省首批技能型人才培养特色名校建设方案中的省财政支持专业建设项目成果之一，是山东省职业教育与成人教育科研“十二五”规划2014年度课题《基于职业能力培养的高职会计专业实践教学课程体系构建研究——以山东经贸职业学院为例》的阶段性成果，也是山东经贸职业学院首批项目化课程改革会计分岗位实训课程的配套教材。本教材以《教育部关于全面提高高等职业教育教学质量的若干意见》为指导，以最新《企业会计准则》为理论依据，紧贴中小企业会计岗位工作的需求，充分体现教改理念和思路，做到实训方式岗位化、实训内容任务化、能力目标职业化。

为突出教材的职业性和实用性，在教学中体现职业工作过程特征，我们组建了学校教师和企业专家共同合作开发教材的团队，深入中小企业，围绕会计岗位从业人员所需知识和能力进行调研，在编写过程中，选取了真实企业4个月的典型业务资料（企业名称为化名），将企业真实工作任务改造为学习任务，强调岗位分工与协作，实现了教学过程与工作过程的一致性，旨在培养学生的分岗位意识和岗位工作认识程度，锻炼岗位核算工作能力，以提高其履行岗位职责的实际能力，促进综合职业素养的形成。

本教材由山东经贸职业学院吴向阳担任主编，山东经贸职业学院张玉、贾丽娟、刘晔、陈桂香担任副主编。其中，第一部分、第二部分由吴向阳编写，第三部分由吴向阳、张玉、贾丽娟、刘晔编写，陈桂香进行了全书部分数据的核实。各部分编写人员负责初稿的撰写和审核，主编负责拟定撰写大纲、全书架构设计，对全书内容进行修改校正，最后总纂定稿，教材在编写过程中得到了山东共达电声股份有限公司财务总监王永刚高级会计师和潍坊百域总公司财务经理李云仙注册税务师的大力支持和帮助，在此表示真挚的谢意。

本教材是高职高专会计专业的实训教材，同时适合社会读者自学会计知识使用。由于编者水平和实践经验有限，且编写时间仓促，书中难免存在不足之处，恳请各位专家、老师和广大读者不吝指正。

编　者

2015年7月

目录 Contents

第一部分

实训总体说明

一、实训目标

通过会计分岗位实训，使学生了解中小企业企业组织形式，熟悉会计工作各岗位的业务流程，明确各岗位的职责及会计业务的操作，掌握各岗位会计处理的基本技能和方法，提高交流与沟通能力，增强对未来会计从业环境和工作任务的认识，为综合实训、顶岗实习打下坚实的基础，毕业后能尽快进入出纳及各会计核算工作岗位的角色，并能够在短期内迅速成长起来。

（一）知识目标

知道会计人员进入企业工作需要对企业进行全方面的了解，知道会计岗位分工的基本要求和企业常设会计岗位的种类，理解会计基本内控制度对会计核算和会计工作流程的影响，掌握各个主要会计岗位的基本工作流程。

1. 熟悉会计凭证的审核要点，熟悉会计账簿的审核要点。
2. 了解各岗位工作职责与权限。
3. 掌握核算业务的内容与会计处理方法。
4. 掌握相应的凭证编制与账簿登记方法。
5. 掌握记账凭证审核的要点。
6. 掌握科目汇总表的编制方法。
7. 掌握总账的登记方法。
8. 掌握月末结账的要求。
9. 掌握资产负债表和利润表的编制方法。

（二）能力目标

通过完成会计分岗实训项目，能正确获得新进入企业的相关基本资料，正确判断企业会计人员设置及岗位分工，正确获取企业会计岗位人员必备的企业内部财务制度和内部控制制度，能够按照规范独立完成各岗位工作任务，对遇到问题尝试解决，学会对实训过程进行总结分析，具体包括：

1. 能运用岗位交接手续办理的知识进行业务交接手续办理。

2. 能够正确填写账簿启用表，正确登记总账、明细账和日记账期初余额。

3. 能够正确填写各种结算单据，能够办理票据申请、转让等业务。

4. 能够办理现金收支业务。

5. 能够办理银行转账业务。

6. 能够办理银行账户的开立、变更和撤销。

7. 能分岗位对企业发生的各项经济业务进行正确的处理，完整无误地填制会计凭证。

8. 能运用记账凭证审核的知识进行记账凭证的审核。

9. 能运用账簿的设置与登记方法进行账簿的设置与登记。

10. 能运用对账结账的知识与要求进行月末对账结账。

11. 能正确编制资产负债表和利润表。

（三）素质目标

有良好的会计职业道德、良好的会计职业行为和高超的会计职业技能，思维严谨，逻辑清晰，工作细致、耐心、善于沟通，具有协调能力。

二、实训内容设计

实训内容设计见表 1–1。

表 1–1　实训内容设计

序号	项目名称	学时
1	潍坊嘉华电子有限责任公司 1 月经济业务	16
2	潍坊嘉华电子有限责任公司 2 月经济业务	12
3	潍坊嘉华电子有限责任公司 3 月经济业务	12
4	潍坊嘉华电子有限责任公司 4 月经济业务	12
5	会计档案整理、考核	4
6	潍坊嘉华电子有限责任公司 1 月经济业务软件模拟（课后指导学生操作）	
合计		56

三、实施建议

（一）实训时间安排

本书全部内容如果分组采用角色扮演可安排 56 课时；如果用于个人项目训练每月业务可安排 28 课时，共 112 课时。可根据实训需要灵活安排。

（二）实训教学建议

本课程采用“项目导向，任务驱动”教学方法，同时结合角色扮演法、分组教学法、直观演示法等教学方法进行教学。按照会计工作要求，建立会计工作岗位责任制，四人一组，分别扮演出纳、记账会计、成本会计和总账报表会计，各岗位之间进行凭证传递，协同处理会计业务，再定期将会计工作岗位进行有计划的轮换，以掌握每个会计岗位的技能，经历完整的会计工作流程。

说明：1 月经济业务软件模拟会计岗位可分为财务主管、制单会计和出纳。

（三）实训评价建议

本课程考核采用综合评分法。该办法采用百分制，包括平日成绩和结果考核两部分，其中平日成绩占 60%，结果考核占 40%（详见附录 1）。

（四）实训课程教学团队构成

1. 专任教师

专任教师必须具备本科以上学历，鼓励教师读取硕士或更高学历，同时要求 90% 以上专任教师取得会计师职称或注册会计师资格，具备“双师”素质。

年轻教师每年参加不少于 2 个月的企业实践，取得会计实践经验。

专任教师之间相互听课，共同探讨教学经验。

2. 兼职教师

要求每学期必须要有一定比例的具有丰富实践经验的行业兼职教师，其应具备本科以上学历，在会计行业具有一定建树；走上讲台前必须进行一段时间的教师培训。经常与专任教师相互沟通，互相交流学习，共同提高教学效果。

（五）实训条件

1. 实训场所

建立会计分岗位实训室，在实训室内布置会计分岗位工作流程图，在模拟环境中布置工作场景，按照模拟企业会计职责的划分以及会计工作涉及的外部单位，设置会计岗位，划分小组，按小组摆放办公桌椅，实训场所要具备一般的教学功能，布置展示板、多媒体教学设备等以便进行展示和讲解。

2. 实训工具设备

会计工作所涉及的各类办公用品，如配备计算机、票据打印机、装订机、点钞机、税控机、扫描仪、文件柜、计算器、金融财会专用计算器、订书机、笔筒、剪刀、裁纸刀、复写纸、胶水、环形针、大头针、印章、印泥等。

3. 模拟实训软件

在校内会计网络实训室，安装“网中网分岗位实训软件”，校园网网址：（http://192.166.22.22:8090），在软件系统中，会计资料以企业为背景，内容齐全，案例丰富，学生可随时为自己的操作打分，了解存在问题。

4. 实验实训用资料

银行存款余额调节表报表、科目汇总表、记账凭证、现金日记账、银行存款日记账、三栏式明细账、数量金额式明细账、多栏式明细账、增值税明细账、资产负债表、利润表、现金流量表、凭证封面等。

四、实训规范要求

（一）会计工作交接要求

1. 岗位轮换时，必须将本人所经管的会计工作全部移交给接替人员。

2. 接替人员应当认真接管移交工作，并继续办理移交的未了事项。

3. 办理移交手续前，必须及时做好以下工作：

（1）已经受理的经济业务尚未填制会计凭证的，应当填制完毕。

（2）尚未登记的账目，应当登记完毕，并在最后一笔余额后加盖经办人员印章。

（3）整理应该移交的各项资料，对未了事项写出书面材料。

（4）编制移交清册，列明应当移交的会计凭证、会计账簿、会计报表、印章、现金、有价证券、支票簿、发票、文件、其他会计资料和物品等内容；实行会计电算化的单位，从事该项工作的移交人员还应当在移交清册中列明会计软件及密码、会计软件数据磁盘（磁带等）及有关资料、实物等内容。

4. 办理交接手续，必须有监交人负责监交。

5. 移交人员在办理移交时，要按移交清册逐项移交；接替人员要逐项核对点收。

（1）现金、有价证券要根据会计账簿有关记录进行点交。库存现金、有价证券必须与会计账簿记录保持一致。不一致时，移交人员必须限期查清。

（2）会计凭证、会计账簿、会计报表和其他会计资料必须完整无缺。如有短缺，必须查清原因，并在移交清册中注明，由移交人员负责。

（3）银行存款账户余额要与银行对账单核对，如不一致，应当编制银行存款余额调节表调节相符，各种财产物资和债权债务的明细账户余额要与总账有关账户余额核对相符；必要时，要抽查个别账户的余额，与实物核对相符，或者与往来单位、个人核对清楚。

（4）移交人员经管的票据、印章和其他实物等，必须交接清楚；移交人员从事会计电算化工作的，要对有关电子数据在实际操作状态下进行交接。

6. 交接完毕后，交接双方和监交人员要在移交注册上签名或者盖章。并应在移交注册上注明：单位名称，交接日期，交接双方和监交人员的职务、姓名，移交清册页数以及需要说明的问题和意见等。

移交清册一般应当填制一式三份，交接双方各执一份，存档一份。

7. 接替人员应当继续使用移交的会计账簿，不得自行另立新账，以保持会计记录的连续性。

（二）会计的书写要求

办理会计事项要求书写正规的文字与数字。书写正规的文字和数字，是会计人员的基本功，也是会计基础工作好坏的重要标志。会计数字与文字书写应按照以下规定执行。

1. 填制会计凭证、登记账簿和编制会计报表等，应使用钢笔或碳素笔，用蓝黑色或黑色墨水，禁止使用圆珠笔或铅笔；按规定需要书写红字的，用红墨水，需要复写的会计凭证、会计报表，可使用圆珠笔。

2. 在凭证、账簿、报表上填写摘要或数字时，要在格子的上方留有二分之一的空距，用以更正错误。

3. 书写阿拉伯数字，应紧靠底线书写，字体要自右上方斜向左下方，倾斜度为55～60度。字与字之间的距离要相同，大约空出半个数字的位置，数字之间不许连写。

写6上出头，写7和9下出头，并超过底线，出头的长度约为一般字体高度的四分之一；写0时，字高、字宽要与其他数字相同；写6、8、9、0时，圆圈必须封口。

4. 大小写金额必须相符且填写规范，小写金额用阿拉伯数字逐个书写，不得写连笔字。在金额前要填写人民币符号“￥”。人民币符号“￥”与阿拉伯数字之间不得留有空白。金额数字一律填写到角、分，无角、分的，写“00”或符号“—”；有角无分的，分位写“0”，不得用符号“—”。大写金额用汉字壹、贰、叁、肆、伍、陆、柒、捌、玖、拾、佰、仟、万、亿、元、角、分、零、整等，一律用正楷或行书书写。大写金额前未印有“人民币”字样的，应加写“人民币”三个字，“人民币”字样和大写金额之间不得留有空白。大写金额到元或角为止的，后面要写“整”或“正”字；有分的，不写“整”或“正”字。

例如：￥345.00 正确；￥345.—正确；￥345.60 正确；￥345.6—错误。

例如：￥345.00 人民币叁佰肆拾伍元整　正确；

　　　￥345.60 人民币叁佰肆拾伍元陆角整　正确；

　　　￥345.67 人民币叁佰肆拾伍元陆角柒分整　错误。

5. 书写数字发生错误时，要采用正确的更正方法，即将错误数字全数用单红线注销，并在错误数字上盖章，另在上方填写正确的数字，严禁用刮擦涂抹或用药水消除字迹方法改错。

（三）填制与审核原始凭证注意事项

1. 原始凭证的填制

（1）记录要真实。原始凭证所填列的经济业务内容和数字，必须真实可靠，符合实际情况。

（2）内容要完整。原始凭证所要求填列的项目必须逐项填列齐全，不得遗漏和省略。

（3）手续要完备。从外单位取得的原始凭证，必须盖有填制单位的公章；从个人处取得的原始凭证，必须有填制人员的签名或者盖章。自制原始凭证必须有经办单位领导人或者其指定的人员签名或者盖章。对外开出的原始凭证，必须加盖本单位公章。

（4）书写要清楚、规范。原始凭证要按规定填写，文字要简明，字迹要清楚，易于辨认，不得使用未经国务院公布的简化汉字，大小写金额必须相符且填写规范。

（5）编号要连续。如果原始凭证已预先印定编号，在写坏作废时，应加盖“作废”戳记，妥善保管，不得撕毁。

（6）不得涂改、刮擦、挖补。原始凭证有错误的，应当由出具单位重开或更正，更正处应当加盖出具单位印章。原始凭证金额有错误的，应当由出具单位重开，不得在原始凭证上更正。

（7）填制要及时。各种原始凭证一定要及时填写，并按规定的程序及时送交会计机构、会计人员进行审核。原始凭证的审核人员应检查有关数量、单价、金额是否正确无误，是否与实际业务一致。

2. 原始凭证的审核

（1）原始凭证审核的主要内容

①审核原始凭证的真实性。即原始凭证上所有项目是否填全，有关人员或部门是否签章，摘要、金额是否填写清楚，金额计算是否正确，金额大、小写是否一致等。

②审核原始凭证的合法性、合规性和合理性。即原始凭证所反映的经济业务是否符合国家颁发的有关财经法规、财会制度，是否有违法乱纪等行为。

（2）原始凭证审核后的处理

①对于完全符合要求的原始凭证，应及时据以编制记账凭证入账。

②对于真实、合法、合理但内容不够完整、填写有错误的原始凭证，应退回给有关经办人员，由其负责将有关凭证补充完整、更正错误或重开后，再办理正式会计手续。

③对于不真实、不合法的原始凭证，会计机构、会计人员有权不予接受，并向

单位负责人报告。

（四）记账凭证的填制与审核

1. 记账凭证的填制

（1）以审核无误的原始凭证为依据。

（2）摘要的填写应既简明扼要，又能说明经济业务的发生情况。

（3）会计分录编制要正确。首先，会计科目要运用正确，必须按照会计制度规定的会计科目名称及核算内容进行运用，明细科目名称也要如实正确填写；其次，记账方向要正确，即应借应贷对应关系要清晰明确；再次，借贷双方金额要相等。

（4）填制记账凭证时，应当对记账凭证进行连续编号。一笔经济业务需要填制两张以上记账凭证的，可以采用分数编号法编号。

（5）记账凭证可以根据每一张原始凭证填制，或者根据若干张同类原始凭证汇总填制，也可以根据原始凭证汇总表填制。但不得将不同内容和类别的原始凭证汇总填制在一张记账凭证上。

（6）除结账和更正错误的记账凭证可以不附原始凭证外，其他记账凭证必须附有原始凭证。如果一张原始凭证涉及几张记账凭证，可以把原始凭证附在一张主要的记账凭证后面，并在其他记账凭证上注明附有该原始凭证的记账凭证的编号或者附原始凭证复印件。一张原始凭证所列支出需要几个单位共同负担的，应当将其他单位负担的部分，开给对方原始凭证分割单，进行结算。原始凭证分割单必须具备原始凭证的基本内容：凭证名称、填制凭证日期、填制凭证单位名称或者填制人姓名、经办人的签名或者盖章、接受凭证单位名称、经济业务内容、数量、单价、金额和费用分摊情况等。

（7）如果在填制记账凭证时发生错误，应当重新填制。已经登记入账的记账凭证，在当年内发现填写错误时，可以用红字填写一张与原内容相同的记账凭证，在摘要栏注明“注销某月某日某号凭证”字样，同时再用蓝字重新填制一张正确的记账凭证，注明“订正某月某日某号凭证”字样。如果会计科目没有错误，只是金额错误，也可以将正确数字与错误数字之间的差额，另编一张调整的记账凭证，调增金额用蓝字，调减金额用红字。

（8）记账凭证填制完经济业务事项后，如有空行，应当自金额栏最后一笔金额数字下的空行处至合计数上的空行处划线注销。

2. 记账凭证的审核

（1）内容是否真实：审核记账凭证记录的经济业务是否符合后附的原始凭证所反映的内容，内容是否真实。

（2）项目是否齐全：记账凭证审核人员应检查记账凭证中有关项目的填列是否

完备，有关人员的签章是否完备。

（3）科目是否正确：记账凭证审核人员应检查应借应贷的会计科目和金额是否正确，账户的对应关系是否清晰，完整，核算内容是否符合会计制度的要求。

（4）金额是否正确：在记账凭证上列示的金额有总分类科目金额，也有明细分类科目的金额，记账凭证审核人员应根据借贷记账法的基本原理检查填列的金额的正确性。

（5）书写是否正确：记账凭证的填写有特定的要求，编制记账凭证必须遵守这些规定，因此，记账凭证审核人员应检查记账凭证的书写是否正确。

（五）账簿启用、登记、更正、对账和结账要求

1. 账簿启用要求

（1）启用会计账簿时，应当在账簿封面上写明单位名称和账簿名称。在账簿扉页上应当附启用表，内容包括：启用日期、账簿页数、记账人员和会计机构负责人、会计主管人员姓名，并加盖名章和单位公章。记账人员或者会计机构负责人、会计主管人员调动工作时，应当注明交接日期、接办人员或者监交人员姓名，并由交接双方人员签名或者盖章。

（2）启用订本式账簿，应当从第一页到最后一页顺序编定页数，不得跳页、缺号。使用活页式账页，应当按账户顺序编号，并须定期装订成册。装订后再接实际使用的账页顺序编定页码。另加目录，记明每个账户的名称和页次。

2. 账簿登记的要求

（1）准确完整。登记会计账簿时，应当将会计凭证日期、编号、业务内容摘要、金额和其他有关资料逐项记入账内，做到数字准确、摘要清楚、登记及时、字迹工整。

（2）注明记账符号。登记完毕后，要在记账凭证上签名或者盖章，并注明已经登账的符号，表示已经记账。

（3）文字和数字必须整洁清晰，准确无误。账簿中书写的文字和数字上面要留有适当空格，不要写满格；一般应占格距的二分之一。

（4）正常记账使用蓝黑墨水。登记账簿要用蓝黑墨水或者碳素墨水书写，不得使用圆珠笔（银行的复写账簿除外）或者铅笔书写。

（5）特殊记账使用红墨水。下列情况，可以用红色墨水记账：①按照红字冲账的记账凭证，冲销错误记录；②在不设借贷等栏的多栏式账页中，登记减少数；③在三栏式账户的余额栏前，如未印明余额方向的，在余额栏内登记负数余额；④根据国家统一会计制度的规定可以用红字登记的其他会计记录。

（6）顺序连续登记。各种账簿按页次顺序连续登记，不得跳行、隔页。如果发生跳行、隔页，应当将空行、空页划线注销，或者注明“此行空白”、“此页空白”

字样，并由记账人员签名或者盖章。

（7）结出余额。凡需要结出余额的账户，结出余额后，应当在“借或贷”等栏内写明“借”或者“贷”等字样。没有余额的账户，应当在“借或贷”等栏内写“平”字，并在余额栏的“元”处用“0”表示。现金日记账和银行存款日记账必须逐日结出余额。

（8）过次承前。每一账页登记完毕结转下页时，应当结出本页合计数及余额，写在本页最后一行和下页第一行有关栏内，并在摘要栏内注明“过次页”和“承前页”字样；也可以将本页合计数及金额只写在下页第一行有关栏内，并在摘要栏内注明“承前页”字样。

对需要结计本月发生额的账户，结计“过次页”的本页合计数应当为自本月初起至本页末止的发生额合计数；对需要结计本年累计发生额的账户，结计“过次页”的本页合计数应当为自年初起至本页末止的累计数；对既不需要结计本月发生额也不需要结计本年累计发生额的账户，可以只将每页末的余额结转次页。

3. 错账更正要求

账簿记录发生错误，不准涂改、挖补、刮擦或者用药水消除字迹，不准重新抄写，必须按照下列方法进行更正：

（1）登记账簿时发生错误，应当将错误的文字或者数字划红线注销，但必须使原有字迹仍可辨认；然后在划线上方填写正确的文字或者数字，并由记账人员在更正处盖章。对于错误的数字，应当全部划红线更正，不得只更正其中的错误数字。对于文字错误，可只对错误的部分进行划线并更正。

（2）由于记账凭证发生错误而使账簿记录发生错误的，应当按更正的记账凭证登记账簿。

4. 对账要求

（1）账证核对。核对会计账簿记录与原始凭证、记账凭证的时间、凭证字号、内容、金额是否一致，记账方向是否相符。这种核对，一般是在日常工作中进行，月终如果发现有差错，则应从头将账簿记录与会计凭证逐一核对，以查明原因。

（2）账账核对。核对不同会计账簿之间的账簿记录是否相符，包括总账有关账户的余额核对，总账与明细账核对，总账与日记账核对，会计部门的财产物资明细账与财产物资保管和使用部门的有关明细账核对等。

（3）账实核对。核对会计账簿记录与财产等实有数额是否相符。包括：现金日记账账面余额与现金实际库存数相核对；银行存款日记账账面余额定期与银行对账单相核对；各种财物明细账账面余额与财物实存数额相核对；各种应收、应付款明细账账面余额与有关债务、债权单位或者个人核对等。

（4）账表核对。核对会计账簿记录与财务报表有关内容是否相符。

5. 结账规范

(1) 结账前，必须将本期内所发生的各项经济业务全部登记入账。

(2) 日结：现金日记账和银行存款日记账有日发生额时，在最后一笔发生额行下结计本日累计发生额和余额，在摘要栏内注明“本日合计”字样。其他各账户均不进行日结。

(3) 月结：有本月发生额的各账户，在最后一笔发生额行下结计本月累计发生额和余额，在摘要栏内注明“本月合计”字样；同时，在本月合计行下结计本期累计发生额，在摘要栏内注明“本期累计”字样；在本月合计行和本期累计行底线通栏划单红线。

(4) 年结：将本年最后一笔本年累计行底线通栏划双红线即可；只有上年结转余额的，在上年结转行底线通栏划双红线。

(5) 年度终了，要把各账户的余额结转到下一会计年度，并在摘要栏注明“结转下年”字样；在下一会计年度新建有关会计账簿的第一行余额栏内填写上年结转的余额，并在摘要栏注明“上年结转”字样。

(六) 会计报表的编制要求

财务报告应当根据国家统一会计制度规定的格式和要求编制。

1. 会计报表应当根据登记完整、核对无误的会计账簿记录和其他有关资料编制，做到数字真实、计算准确、内容完整、说明清楚。

2. 任何人不得篡改或者授意、指使、强令他人篡改会计报表的有关数字。

3. 会计报表之间、会计报表各项目之间，凡有对应关系的数字，应当相互一致。本期会计报表与上期会计报表之间有关的数字应当相互衔接。如果不同会计年度会计报表中各项目的内容和核算方法有变更的，应当在年度会计报表中加以说明。

4. 应当按照国家统一会计制度的规定认真编写会计报表附注及其说明，做到项目齐全，内容完整。

5. 对外报送的财务报告，应当依次编定页码，加具封面，装订成册，加盖公章。封面上应当注明：单位名称，单位地址，财务报告所属年度、季度、月度，送出日期，并由单位领导人、总会计师、会计机构负责人、会计主管人员签名或者盖章。

6. 如果发现对外报送的财务报告有错误，应当及时办理更正手续。除更正本单位留存的财务报告外，并应同时通知接受财务报告的单位更正。错误较多的，应当重新编报。

(七) 会计档案整理要求

1. 按全年顺序统一编号，卷号应与装订的会计凭证封面册数的编号一致。

2. 会计账簿：各种会计账簿办理完年度结账后，除跨年使用的账簿外，其他需整理、立卷。

（1）会计账簿在装订前，应按账簿启用表的使用页数，核对各个账户账页是否齐全，是否按顺序排列。

（2）会计账簿装订顺序：会计账簿装订封面—账簿启用表—账户目录—按本账簿页数项顺序装订账页—会计账簿装订封底。

（3）活页账簿去空白页后，将本账页数项填写齐全，撤账夹，用坚固耐磨的纸张做封面、封底，装订成册。不同规格的活页账不得装订在一起。

（4）装订后的会计账簿应牢固、平整、不得有折角或掉页现象。

（5）会计账簿的封口处，应加盖装订印章。

（6）装订后，会计账簿的脊背应平整，并注明所属年度及账簿名称和编号。

（7）会计账簿的编号为一年一编，编号顺序为总账、现金日记账、银行存（借）款日记账、分户明细账。

（8）会计账簿按保管期限分别编号。

①现金、银行存款（借款）日记账，全年按顺序编制卷号。

②总账、各类明细账、辅助账全年按顺序编制卷号。

3. 会计报表

（1）会计报表编制完成并按时报送后，留存报表均应按月装订成册。

（2）会计报表应整理平整，防止折角。

（3）会计报表在装订前，应按编报目录核对是否齐全。

（4）会计报表的装订顺序：会计报表封面—会计报表编制说明—各种会计报表按会计报表的编号顺序排列—会计报表封底，装订的会计报表上边和左边应对齐。

（5）会计报表按保管期限分别编制卷号。

①月、季度会计报表全年按月、季顺序编制卷号。

②半年和年度会计报表按年顺序编制卷号。

4. 涉外有关会计资料等单独装订立卷。会计移交清册，会计档案保管清册，会计档案销毁清册应单独装订立卷，单独编制卷号。

依据及相关法规：

1.《中华人民共和国会计法》。

2.《会计基础工作规范》。

第二部分

走进模拟企业

一、模拟企业基本情况

企业名称：潍坊嘉华电子有限责任公司

企业类型：工业企业

注册资本：600 万元人民币

法定代表人：雷鸣

总 经 理：李宇

财务经理：刘岚

生产经理：王达

采购经理：赵宏

检　　验：郑一

成品库保管员：严谨

材料库保管员：温暖

辅料库保管员：刘静

领料单填制：孟红伟

开户银行：中国银行潍坊市青年路支行

账　　号：0101020304

税务登记号：370704169354239

联系电话：0536-2900027

公司地址：山东省潍坊市

经营范围：研发、生产和销售电子元件及组件，与产品相关的解决方案和服务。

二、模拟企业组织机构

按照有限责任公司规定，公司的权力机构为股东（大）会。公司设立董事会对股东会负责，董事长雷鸣为公司的法定代表人，公司设经理对董事会负责。公司部门分别是办公室、人力资源部、财务部、生产部，基本生产车间 3 个，分别是成品

1 生产车间、成品 2 生产车间和成品 3 生产车间，三个辅助车间，分别是零件 1 车间、零件 2 车间和模具车间。

三、模拟企业会计岗位设置及基本工作流程

（一）会计岗位设置的基本原则

按照《中华人民共和国会计法》、《会计基础工作规范》、《内部会计工作规范》的有关规定，各单位会计工作岗位的设置应与本单位业务活动的规模、特点和管理要求相适应。会计岗位设置的基本原则如下。

1. 各单位应当根据会计业务需要设置会计工作岗位。会计工作岗位一般可分为：总会计师（或行使总会计师职权）岗位会计机构负责人或者会计主管人员；出纳岗位；财产物资核算；工资核算，成本费用核算，财务成果核算；资金核算；往来结算，总账报表；稽核；档案管理等。开展会计电算化和管理会计的单位，可以根据需要设置相应工作岗位，也可以与其他工作岗位相结合。会计工作岗位，可以一人一岗、一人多岗或者一岗多人，但出纳人员不得兼管稽核、会计档案保管和收入、支出、费用、债权债务账目的登记工作。

2. 符合内部牵制制度的要求。会计机构内部牵制制度，国际上也称为会计责任分离，是指凡涉及款项或者财务的收付、结算及登记工作，必须由两人或者两人以上分工办理，以相互制约的工作制度。

3. 对会计人员的工作岗位要有计划地进行轮岗，以促进会计人员全面熟悉业务和不断提高业务素质。

4. 建立岗位责任制。会计机构内部岗位责任制，是指明确各项具体会计工作的职责范围、具体内容和要求，并落实到每个会计工作岗位或会计人员的一种会计工作责任制度。会计岗位责任制是单位会计人员履行会计岗位职责，提高工作效率的有效保证。

（二）模拟企业会计岗位设置

企业财务部设置四个工作岗位，分别为出纳岗位、成本会计岗位、记账会计岗位、总账报表会计岗位。具体分工如下：

1. 出纳：按规定办理货币资金收付手续，填写银行结算凭证；负责登记银行结算票据备查簿、有价证券和借款的备查簿；负责空白票据和支票的管理，保管库存现金、有价证券及法人名章；填制收款单和付款单；负责登记库存现金、银行存款日记账；配合清查人员进行库存现金、银行存款清查等。

2. 成本会计：负责产品成本核算，填制材料收料单、领料单；填制成本计算表

和原始凭证；编制材料、生产成本、制造费用相关的记账凭证；负责材料、生产成本、制造费用、库存商品明细账的建账、登账、对账、结账。

3. 记账会计：负责开具发票；填制除材料、生产成本、制造费用相关的记账凭证外的其他记账凭证；负责除材料、生产成本、制造费用相关的明细账外的其他明细账的建账、登账、对账、结账。

4. 总账报表会计：负责审核各种原始凭证、审核记账凭证；负责总账的建账、登账、对账、结账；编制科目汇总表和财务报表；保管财务专用章等。

说明：软件模拟会计岗位分工如下：

①财务主管：期初建账、期初数据录入、审核记账凭证、期末结账、编制会计报表。

②制单会计：编制记账凭证、记账。

③出纳：凭证签字、银行存款余额调节表数据录入、银行对账、期末未达账项调整。

四、模拟企业会计政策简介

1. 公司执行新企业会计准则。

2. 采用科目汇总表账务处理程序登记总分类账。

3. 存货业务：公司原材料、库存商品均采用实际成本法进行日常核算。采购材料的价格为不含税价格，假定收到的增值税专用发票均通过发票认证，予以抵扣进项税额；发出材料成本的计价方法采用先进先出法；产品销售时不结转销售成本，已销商品成本采用月末一次加权平均法，于月末一次计算并结转。

库存商品期末余额按照“期初 + 本期入库 − 本期发出”确定。

4. 成本计算：公司采用品种法计算产品成本，成本计算对象为传感器、传声器两种产品，成本项目为直接材料、直接人工和制造费用。成本计算过程中各项分配率、单价如除不尽则保留小数点后四位。

5. 公司固定资产折旧采用年限平均法，所采用的折旧政策、累计摊销政策与税法规定一致。

6. 公司按月计提银行借款利息，到期一次还本付息。

7. 税费

（1）增值税：公司采购材料和销售产品的价格均为不含税价格，增值税税率为17%，运输费按照7%抵扣增值税进项税额。

（2）城市维护建设税税率为7%，教育费附加税率为3%。

（3）企业所得税：企业所得税税率为25%。假定经过主管税务局批准，所得税采用按季预缴，年终汇算清缴方式缴纳。

五、供应商和客户

相关供应商和企业客户情况见表 2–1 和表 2–2。

表 2–1　供货方基本情况

名称	纳税人识别号	地址及电话	开户行及账号	材料名称
海星机电有限责任公司	37070513425656	山东省潍坊市 0536-2700012	中国工商银行文化路支行 108800856	放大器　塑壳
佳通机电有限责任公司	37030635962442	山东省淄博市 0533-3600058	中国农业银行张店区支行 2102041357	切割机
新海机电有限责任公司	370705639548781	山东省潍坊市 0536-4600077	中国银行潍坊市幸福街支行 0102023256	线圈　场效应管
远大有限责任公司	37070512695836	山东省潍坊市 0536-8500046	中国农业银行仓南路支行 1146532870	放大器　塑壳
潍坊大华有限责任公司	37070564532453	山东省潍坊市 0536-2600137	中国银行潍坊市四平路支行 0102023232	线圈　场效应管

表 2–2　客户基本情况

名称	纳税人识别号	地址及电话	开户行及账号	商品名称
山东光明有限责任公司	370306092854421	山东省淄博市 0533-8200056	中国工商银行临淄支行 0102367456	传感器　传声器
顺达机电公司	370705654897342	山东省潍坊市 0536-2602034	中国银行潍坊市青年路支行 0302443578	传感器　传声器
春明机电有限公司	370123735628953	山东省济南市 0531-85700054	华夏银行历下支行 20003798436	传感器　传声器
长城机械有限责任公司	370781001116789	河南省新乡市 126 号 0536-9678534	中国银行新乡分行 1685088096	传感器　传声器
鸿运有限责任公司	370705310043173	潍坊市文化路 126 号 0536-2267894	中行文化路支行 8306613222	传感器　传声器
东方机械厂	370704119806030	坊子区 126 号 0536-7589453	中行坊子支行 8809616150	传声器　传感器
北辰机械厂	370705198901603	山东省潍坊市 0536-7600027	中国工商银行东方路支行 1088000845	销售多余材料 放大器

第三部分

模拟实训经济业务资料

一、期初资料

潍坊嘉华电子有限责任公司 2015 年 1 月初各总分类账户余额见表 3–1。

表 3–1　2015 年 1 月各总分类账户余额

账户名称	借方（元）	贷方（元）
库存现金	6 760.00	
银行存款	1 907 819.16	
银行存款——中行存款	1 800 402.06	
银行存款——农信社存款	107 417.10	
其他货币资金——存出投资款	160 000.00	
应收票据——春明机电有限公司	208 350.00	
应收账款	750 000.00	
应收账款——共达公司	510 000.00	
应收账款——蓝天公司	240 000.00	
坏账准备（应收账款）		2 250.00
预付账款——佳通机电有限责任公司	135 000.00	
其他应收款（押金）	6 750.00	
原材料	319 300.00	
库存商品	500 000.00	
长期股权投资——海洋公司	607 500.00	
固定资产	1 290 000.00	
累计折旧		162 133.33
无形资产	238 000.00	
累计摊销		118 999.80
递延所得税资产	562.50	
应付账款——大宇公司		289 850.00

续表

账户名称	借方（元）	贷方（元）
应付职工薪酬		280 510.00
应付职工薪酬——工资		203 571.08
应付职工薪酬——职工福利		2 000.00
应付职工薪酬——社会保险费		58 017.76
应付职工薪酬——住房公积金		12 214.27
应付职工薪酬——工会经费		2 635.47
应付职工薪酬——职工教育经费		2 071.42
应交税费		55 287.97
应交税费——未交增值税		18 264.01
应交税费——应交城市维护建设税		1 278.48
应交税费——应交教育费附加		547.92
应交税费——应交所得税		35 201.56
实收资本		4 500 000.00
盈余公积		498 941.33
本年利润		0
利润分配——未分配利润		221 761.03
合计	6 129 741.66	6 129 741.66

“原材料”明细账户期初余额表见表 3–2。

表 3–2　“原材料”明细账户期初余额表

总账科目	明细科目	规格	计量单位	数量	单价	金额（元）
原材料	线圈	SO203	只	110 000	0.40	44 000.00
	场效应管	TF219	只	110 000	0.60	66 000.00
	放大器	AD822	只	110 000	1.80	198 000.00
	塑壳	SC408	只	110 000	0.10	11 000.00
	合计					319 000.00

“库存商品”明细账户期初余额表见表 3–3。

表 3–3　“库存商品”明细账户期初余额表

总账科目	明细科目	计量单位	数量	单价	金额（元）
库存商品	传感器	件	50 000	6.00	300 000.00
	传声器	件	50 000	4.00	200 000.00
	合计				500 000.00

固定资产使用情况见表3–4。

表3–4　固定资产使用情况

资产名称	原值（元）	开始使用时间	折旧年限	残值率	月折旧额	已提折旧
办公楼	360 000.00	2010.12.25	40	5%	712.50	47 500.00
仓库	180 000.00	2010.12.25	40	5%	356.25	34 200.00
厂房	500 000.00	2010.12.25	40	5%	989.58	17 100.00
生产线	250 000.00	2010.12.25	15	5%	1319.44	63 333.33
合计	1 290 000.00				3 377.77	162 133.33

无形资产使用情况见表3–5。无形资产按照10年的摊销期摊销，已经摊销5年。

表3–5　无形资产使用情况

资产名称	原值（元）	开始使用时间	摊销年限	月摊销额	已提摊销
专利权	238 000.00	2010.01.01	10	1 983.33	118999.80
合计	238 000.00			1 983.33	118999.80

其他情况说明见表3–6。

表3–6　其他情况

原材名称	数量	产成品
线圈	1只	1件传声器
场效应管	1只	
放大器	1只	
塑壳	1只	
线圈	1只	1件传感器
场效应管	1只	
放大器	1只	
塑壳	1只	

二、公司2015年1—4月发生的经济业务资料

（一）公司2015年1月发生的经济业务资料

1. 1日，用转账支票向海星机电有限责任公司购入塑壳100 000只，价款10 000元，增值税1 700元，合计11 700元，已经验收入库（原凭证见凭1–1–1至凭1–1–5）。

2. 1 日，向远大有限责任公司购入放大器 20 000 只，价款 38 000 元，增值税 6 460 元。货已经验收入库。款项未付（原始凭证见凭 1–2–1 至凭 1–2–3）。

3. 1 日，向鸿运有限责任公司销售传感器 30 000 只，单价 10 元，价款 30 0000 元，增值税 51 000 元。款项已经通过转账支票结算（原始凭证见凭 1–3–1 至凭 1–3–3）。

4. 2 日，1 日购入的塑壳 100 只出现质量问题办理退货，收到退回的现金 11.70 元（原始凭证见凭 1–4–1 至凭 1–4–2）。

5. 2 日，向顺达机电公司销售传声器 30 000 只，单价 7 元，价款 210 000 元，增值税 35 700 元。已经办好托收手续（原始凭证见凭 1–5–1 至凭 1–5–3）。

6. 3 日，1 日销售的传感器有 50 只与合同规定不符被退回，开出转账支票支付退货款（原始凭证见凭 1–6–1 至凭 1–6–4）。

7. 7 日，购买打印纸，转账支票支付 1 200 元。部门直接领用，其中生产部门 200 元，管理部门 800 元，销售机构 200 元。作为低值易耗品使用。一次性摊销（原始凭证见任 1–7–1 至凭 1–7–4）。

8. 8 日，办公室刘军报销差旅费 1 600 元。现金结算（原始凭证见凭 1–8–1）。

9. 9 日，取现 161 839.00 元，发放上月工资（原始凭证见凭 1–9–1 至凭 1–9–3）。

10. 10 日，缴纳上月增值税 18 264.01 元，城市维护建设税 1 274.48 元，教育费附加 547.92 元，上年度的所得税（原始凭证见凭 1–10–1）。

11. 20 日，上月职工的五险一金上缴专户（原始凭证见凭 1–11–1 至凭 1–11–4）。

12. 21 日，接到电费代收款单和电费发票价税合计 3 861 元。其中生产部门用电金额 3 000 元，管理部门用电金额 200 元，销售部门用电金额 100 元，合计 3 300 元，增值税 561 元（原始凭证见凭 1–12–1 至凭 1–12–3）。

13. 22 日，接到水费代收款单和水费发票价税合计 819 元。其中生产部门用水金额 500 元，管理部门用水金额 100 元，销售部门用水金额 100 元，合计 700 元，增值税 119 元（原始凭证见凭 1–13–1 至凭 1–13–3）。

14. 23 日，生产车间为生产传声器领用线圈 50 000 只，放大器 50 000 只，场效应管 50 000 只，塑壳 50 000 只；为生产传感器领用线圈 50 000 只，放大器 50 000 只，场效应管 50 000 只，塑壳 50 000 只（原始凭证见 1–14–1 至凭 1–14–2）。

15. 31 日，工资费用分配。其中车间分配 132 607.1 元，按照工时进行分配，传感器工时 1 400，传声器工时 6 000；车间管理人员分配 10 300 元，管理部门分配 36 918 元，销售部门 23 746 元。职工个人的三险一金由企业支付工资时代扣，上交专户时代缴（原始凭证见凭 1–15–1 至凭 1–15–2）。

16. 31 日，计提由企业承担的职工五险一金费用（原始凭证见凭 1–16–1）。

17. 31 日，计提本月职工福利费（原始凭证见凭 1–17–1）。

18. 31 日，计提本月职工教育经费和工会经费（原始凭证见凭 1–18–1）。

19. 31 日，计提本月固定资产折旧。其中生产车间计提折旧 2 309.02 元，管理部门 831.25 元，销售部门 237.5 元。共计 3 377.77 元（原始凭证见凭 1–19–1）。

20. 31 日，摊销本月无形资产费用 1 983.33 元。摊销期 10 年，已摊销 5 年（原始凭证见凭 1–20–1）。

21. 31 日，按照工时分配本月制造费用（原始凭证见凭 1–21–1）。

22. 31 日，计算本月完工产品成本。传感器完工 50 000 件，传声器完工 50 000 件（原始凭证见凭 1–22–1 至凭 1–22–2）。

23. 31 日，计算本月产品的销售成本（原始凭证见凭 1–23–1）。

24. 31 日，计算未交增值税（原始凭证见凭 1–24–1）。

25. 31 日，计算本月的应交城建税及教育费附加（原始凭证见凭 1–25–1）。

26. 31 日，结转本月损益类（收入）账户（原始凭证见凭 1–26–1）。

27. 31 日，结转本月损益类（费用、支出）账户（原始凭证见凭 1–27–1）。

28. 31 日，计算本月应交的所得税（原始凭证见凭 1–28–1）。

（二）公司 2015 年 2 月发生的经济业务资料

1. 1 日，向银行借款 20 万元，时间 10 个月，月息 6.5‰（原始凭证见凭 2–1–1 至凭 2–1–2）。

2. 2 日，销售部门秦奋为出差借款 2 000 元。现金结算（原始凭证见凭 2–2–1）。

3. 3 日，接银行通知收到顺达公司货款 245 700 元（原始凭证见凭 2–3–1）。

4. 5 日，销售部秦奋出差归来报销差旅费 1 100 元，剩余资金退回（原始凭证见凭 2–4–1 至凭 2–4–2）。

5. 6 日，向潍坊大华有限责任公司购入线圈 70 000 只，单价 0.4 元，价款 28 000 元，增值税 4 760 元，购入场效应管 70 000 只，单价 0.6 元，价款 42 000 元，增值税 7 140 元。双方约定，10 日内付款给予总价款 1% 的优惠，否则在 4 月 6 日全款支付（原始凭证见凭 2–5–1 至凭 2–5–2）。

6. 9 日，取现 161 839.02 元，发放上月工资（原始凭证见凭 2–6–1 至凭 2–6–3）。

7. 10 日，缴纳上月增值税、城市维护建设税、教育费附加（原始凭证见凭 2–7–1）。

8. 12 日，预定的切割机到货，对方安装人员现场安装完毕，经测试后可以直接使用。对方拿出一张增值税专用发票（金额 135 000 元，税额 22 950 元），一张运输发票（金额 1 000 元，扣除率 7%），未付款项通过电汇方式直接付款。切割机的预计使用期限为 10 年，预计净残值为 1 000 元（原始凭证见凭 2–8–1 至凭 2–8–4）。

9. 13 日，向远大有限责任公司购入放大器 50 000 只，价款 90 000 元，增值税 15 300 元。货已经验收入库。款项通过转账支票支付（原始凭证见凭 2–9–1 至凭 2–9–5）。

10. 19 日，向鸿运有限责任公司销售传感器 30 000 只，单价 9 元，价款 270 000 元，增值税45 900元。款项未结算（原始凭证见凭2–10–1至凭2–10–2）。

11. 20日，接银行通知收到共达公司货款510 000元（原始凭证见凭2–11–1）。

12. 20日，上月职工的五险一金上缴专户（原始凭证见凭2–12–1至凭2–12–4）。

13. 20日，向顺达机电公司销售传声器30 000只，单价7元，价款210 000元，增值税35 700元。已经办好托收手续（原始凭证见凭2–13–1至凭2–13–3）。

14. 21日，接到电费代收款单和电费发票价税合计2 691元。其中生产部门用电金额2 000元，管理部门用电金额200元，销售部门用电金额100元，合计2 300元，增值税391元（原始凭证见凭2–14–1至凭2–14–3）。

15. 22日，接到水费代收款单和水费发票价税合计585元。其中生产部门用水金额300元，管理部门用水金额100元，销售部门用水金额100元，合计500元，增值税85元（原始凭证见凭2–15–1至凭2–15–3）。

16. 22日，生产车间为生产传声器领用线圈33 000只，放大器33 000只，场效应管33 000只，塑壳33 000只。为生产传感器领用线圈33 000只，放大器33 000只，场效应管33 000只，塑壳33 000只（原始凭证见凭2–16–1至凭2–16–2）。

17. 28日，工资费用分配。其中车间分配79 564.26元，按照工时进行分配，传感器工时8 400，传声器工时3 600；车间管理人员分配10 300元，管理部门分配36 918元，销售部门23 746元。职工个人的三险一金由企业支付工资时代扣，上交专户时代缴（原始凭证见凭2–17–1至凭2–17–2）。

18. 28日，计提由企业承担的职工五险一金费用（原始凭证见凭2–18–1）。

19. 28日，计提本月职工福利费（原始凭证见凭2–19–1）。

20. 28日，计提本月职工教育经费和工会经费（原始凭证见凭2–20–1）。

21. 28日，计提本月固定资产折旧。其中生产车间计提折旧2 309.02元，管理部门831.25元，销售部门237.5元。共计3 377.77元（原始凭证见凭2–21–1）。

22. 28日，摊销本月无形资产费用1 983.33元。摊销期10年，已摊销5年（原始凭证见凭2–22–1）。

23. 28日，计提本月贷款利息费用1 300元（原始凭证见凭2–23–1）。

24. 28日，按照工时分配本月制造费用（原始凭证见凭2–24–1）。

25. 28日，计算本月完工产品成本。传感器完工33 000件，传声器完工33 000件（原始凭证见凭2–25–1至凭2–25–2）。

26. 28日，计算本月产品的销售成本（原始凭证见凭2–26–1）。

27. 28日，计算未交增值税（原始凭证见凭2–27–1）。

28. 28日，计算本月的应交城建税及教育费附加（原始凭证见凭2–28–1）。

29. 28日，结转本月损益类（收入）账户（原始凭证见凭2–29–1）。

30. 28日，结转本月损益类（费用、支出）账户（原始凭证见凭2–30–1）。

31. 28 日，计算本月应交的所得税（原始凭证见凭 2–31–1）。

（三）公司 2015 年 3 月发生的经济业务资料

1. 1 日，向海星机电有限责任公司购入塑壳 100 000 只，单价 0.11 元，其中塑壳 100 000 只，价款 11 000 元，增值税 1 870 元，塑壳已经入库；购入放大器 100 000 只，单价 1.60 元，价款 160 000 元，增值税 27 200 元。货已经验收入库。款项未付（原始凭证见凭 3–1–1 至凭 3–1–2）。

2. 1 日，向鸿运有限责任公司销售传感器 40 000 只，单价 10 元，价款 400 000 元，增值税 68 000 元。款项已经通过转账支票结算（原始凭证见凭 3–2–1 至凭 3–2–5）。

3. 3 日，通过网银支付行政部门电话费 2 500 元（原始凭证见凭 3–3–1）。

4. 6 日，计提本月高级管理人员房屋租赁费 3 000 元（原始凭证见凭 3–4–1）。

5. 7 日，支付高级管理人员租赁房屋的费用（原始凭证见凭 3–5–1 至凭 3–5–2）。

6. 7 日，向春明机电有限公司销售传声器 50 000 只，单价 7 元，价款 350 000 元，增值税 59 500 元。已经办好托收手续（原始凭证见凭 3–6–1 至凭 3–6–3）。

7. 9 日，取现 119 669.96 元，发放上月工资（原始凭证见凭 3–7–1 至凭 3–7–2）。

8. 9 日，购入股票海虹控股 1 000 股，每股 30 元，该股票近期准备出售（交割单股票代码 000503）（原始凭证见凭 3–8–1）。

9. 10 日，缴纳上月增值税、城市维护建设税、教育费附加（原始凭证见凭 3–9–1）。

10. 15 日，向新海机电有限责任公司购入线圈 100 000 只，单价 0.4 元，价款 40 000 元，增值税 6 800 元，购入场效应管 100 000 只，单价 0.6 元，价款 60 000 元，增值税 10 200 元。用转账支票支付，线圈和场效应管验收入库（原始凭证见凭 3–10–1 至凭 3–10–4）。

11. 20 日，上月职工的五险一金上缴专户（原始凭证见凭 3–11–1 至凭 3–11–4）。

12. 21 日，接到电费代收款单和电费发票价税合计 3 875.04 元。其中生产部门用电金额 3 005 元，管理部门用电金额 203 元，销售部门用电金额 104 元，增值税 563.04 元（原始凭证见凭 3–12–1 至凭 3–12–3）。

13. 22 日，接到水费代收款单和水费发票价税合计 830.7 元。其中生产部门用水金额 510 元，管理部门用水金额 95 元，销售部门用水金额 105 元，增值税 120.7 元（原始凭证见凭 3–13–1 至凭 3–13–3）。

14. 23 日，生产车间为生产传声器领用线圈 50 000 只，放大器 50 000 只，场效应 50 000 只，塑壳 50 000 只。为生产传感器领用线圈 50 000 只，放大器 50 000 只，场效应 50 000 只，塑壳 50 000 只（原始凭证见凭 3–14–1 至凭 3–14–2）。

15. 31 日，工资费用分配。其中车间分配 132 607.1 元，按照工时进行分配，传感器工时 14 000，传声器工时 6 000；车间管理人员分配 10 300 元，管理部门分配

36 918 元，销售部门 23 746 元。职工个人的三险一金由企业支付工资时代扣，上交专户时代缴（原始凭证见凭 3–15–1 至凭 3–15–2）。

16. 31 日，计提由企业承担的职工五险一金费用（原始凭证见凭 3–16–1）。

17. 31 日，计提本月职工福利费（原始凭证见凭 3–17–1）。

18. 31 日，计提本月职工教育经费和工会经费（原始凭证见凭 3–1–18）。

19. 31 日，计提本月固定资产折旧。其中生产车间计提折旧 3 433.44 元，管理部门 831.25 元，销售部门 237.5 元，共计 4 502.19 元（原始凭证见凭 3–19–1）。

20. 31 日，摊销本月无形资产费用 1 983.33 元。摊销期 10 年，已摊销 5 年（原始凭证见凭 3–20–1）。

21. 31 日，计提本月贷款利息费用 1 300 元（原始凭证见凭 3–21–1）。

22. 31 日，按照工时分配本月制造费用（原始凭证见凭 3–22–1）。

23. 31 日，计算本月完工产品成本。传感器完工 50 000 件，传声器完工 50 000 件（原始凭证见凭 3–23–1 至凭 3–23–2）。

24. 31 日，计算本月产品的销售成本（原始凭证见凭 3–24–1）。

25. 31 日，计算未交增值税（原始凭证见凭 3–25–1）。

26. 31 日，计算本月的应交城建税及教育费附加（原始凭证见凭 3–26–1）。

27. 31 日，结转本月损益类（收入账户）（原始凭证见凭 3–27–1）。

28. 31 日，结转本月损益类（费用、支出）账户（原始凭证见凭 3–28–1）。

29. 31 日，计算本月应交的所得税（原始凭证见凭 3–29–1）。

（四）公司 2015 年 4 月发生的经济业务资料

1. 1 日，用转账支票支付上月 1 日向海星机电有限责任公司购入的塑壳和放大器款（原始凭证见凭 4–1–1 至凭 4–1–2）。

2. 2 日，用现金支付广告费 2 000 元（原始凭证见凭 4–2–1）。

3. 6 日，向潍坊大华有限责任公司购入线圈 80 000 只，单价 0.4 元，价款 32 000 元，增值税 5 440 元，购入场效应管 80 000 只，单价 0.6 元，价款 48 000 元，增值税 8 160 元。本次货款及 2 月 6 日的采购货款均用转账支票支付，线圈和场效应管验收入库（原始凭证见凭 4–3–1 至凭 4–3–4）。

4. 6 日，报销业务招待费 1 000 元（原始凭证见凭 4–4–1 至凭 4–4–2）。

5. 7 日，对希望小学捐赠 5 000 元（原始凭证见凭 4–5–1 至凭 4–5–3）。

6. 9 日，取现 161 839.02 元，发放上月工资（原始凭证见凭 4–6–1 至凭 4–6–2）。

7. 10 日，缴纳上月增值税、城市维护建设税、教育费附加（原始凭证见凭 4–7–1）。

8. 12 日，向远大有限责任公司购入放大器 70 000 只，单价 1.61 元，价款 112 700 元，增值税 19 159 元；购入塑壳 50 000 只，单价 0.1 元，价款 5 000 元，增值税 850 元，货已经验收入库。款项通过转账支票支付（原始凭证见凭 4–8–1 至凭 4–8–4）。

9. 19 日，向鸿运有限责任公司销售传感器 45 000 只，单价 11 元，价款 495 000 元，增值税 84 150 元。收到商业承兑汇票一张（原始凭证见凭 4–9–1 至凭 4–9–3）。

10. 20 日，接银行通知收到春明机电有限公司货款 409 500 元（原始凭证见凭 4–10–1）。

11. 20 日，上月职工的五险一金上缴专户（原始凭证见凭 4–11–1 至凭 4–11–4）。

12. 20 日，向顺达机电公司销售传声器 55 000 只，单价 7 元，价款 385 000 元，增值税 65 450 元。采用转账支票结算（原始凭证见凭 4–12–1 至凭 4–12–3）。

13. 21 日，接到电费代收款单和电费发票价税合计 2 632.5 元。其中生产部门用电金额 1 900 元，管理部门用电金额 260 元，销售部门用电金额 90 元，增值税 382.5 元（原始凭证见凭 4–13–1 至凭 4–13–3）。

14. 22 日，接到水费代收款单和水费发票价税合计 585 元。其中生产部门用水金额 310 元，管理部门用水金额 95 元，销售部门用水金额 95 元，增值税 85 元（原始凭证见凭 4–14–1 至凭 4–14–3）。

15. 22 日，生产车间为生产传声器领用线圈 30 000 只，放大器 30 000 只，场效应管 30 000 只，塑壳 30 000 只。为生产传感器领用线圈 30 000 只，放大器 30 000 只，场效应管 30 000 只，塑壳 30 000 只（原始凭证见凭 4–15–1 至凭 4–15–2）。

16. 25 日，将多余放大器 300 只销售给北辰机械厂，单价 2 元 / 只，已收到银行转来的电汇收账通知。结转相应材料的销售成本（原始凭证见凭 4–16–1 至凭 4–16–3）。

17. 28 日，工资费用分配。其中车间分配 79 564.26 元，按照工时进行分配，传感器工时 8 400，传声器工时 3 600；车间管理人员分配 10 300 元，管理部门分配 36 918 元，销售部门 23 746 元。职工个人的三险一金由企业支付工资时代扣，上交专户时代缴（原始凭证见凭 4–17–1 至凭 4–17–2）。

18. 30 日，计提由企业承担的职工五险一金费用（原始凭证见凭 4–18–1）。

19. 30 日，计提本月职工福利费（原始凭证见凭 4–19–1）。

20. 30 日，计提本月职工教育经费和工会经费（原始凭证见凭 4–20–1）。

21. 30 日，计提本月固定资产折旧。其中生产车间计提折旧 3 433.44 元，管理部门 831.25 元，销售部门 237.5 元。共计 4 502.19 元（原始凭证见凭 4–21–1）。

22. 30 日，摊销本月无形资产费用 1 983.33 元。摊销期 10 年，已摊销 5 年（原始凭证见凭 4–22–1）。

23. 30 日，计提本月贷款利息费用 1 300 元（原始凭证见凭 4–23–1）。

24. 30 日，按照工时分配本月制造费用（原始凭证见凭 4–24–1）。

25. 30 日，计算本月完工产品成本。传感器完工 30 000 件，传声器完工 30 000 件（原始凭证见凭 4–25–1 至凭 4–25–2）。

26. 30 日，计算本月产品的销售成本（原始凭证见凭 4–26–1）。
27. 30 日，计算未交增值税（原始凭证见凭 4–27–1）。
28. 30 日，计算本月的应交城建税及教育费附加（原始凭证见凭 4–28–1）。
29. 30 日，结转本月损益类（收入）账户（原始凭证见凭 4–29–1）。
30. 30 日，结转本月损益类（费用、支出）账户（原始凭证见凭 4–30–1）。
31. 30 日，计算本月应交的所得税（原始凭证见凭 4–31–1）。

三、公司 2015 年 1—4 月发生业务的原始凭证

（一）1 月发生业务的原始凭证

凭 1–1–1

费用报销审批单

部门：采购部　　　　2015 年 01 月 01 日

经手人	张珊	事由	采购	
项目		金额	付款方式	备注
塑壳		11 700.00	转账支票	
合计		11 700.00		
公司领导审批意见	财务主管	部门领导	出纳	经手人
李宇	刘岚	赵宏		张珊

凭 1-1-2

山东省增值税专用发票

发票联

№ 05432131

开票日期：2015 年 01 月 01 日

购货单位	名 称：潍坊嘉华电子有限责任公司 纳税人识别号：370704169354239 地 址、电 话：山东省潍坊市 0536-2900027 开户行及账号：中国银行潍坊市青年路支行 0101020304				密码区	略	
货物或应税劳务名称	规格型号	单位	数量	单价	金额	税率	税额
塑壳	SC408	只	100 000	0.1	10 000.00	17%	1 700.00
合计					¥10 000.00		¥1 700.00
价税合计（大写）	⊗壹万壹仟柒佰元整				（小写）¥11 700.00		
销货单位	名 称：海星机电有限责任公司 纳税人识别号：37070513425656 地 址、电 话：山东省潍坊市 0536-2700012 开户行及账号：中国工商银行文化路支行 108800856				备注		

第三联 发票联 购货方记账凭证

收款人： 复核：张秀贵 开票人：张如倩 销货单位：（章）

凭 1-1-3

发票号码：05432131

供应单位：海星机电有限责任公司 **收 料 单** 收料单编号：963631

材料类别： 2015 年 01 月 01 日 收料仓库：材料库

编号	名称	规格	单位	数量		实际成本					备注
				应收	实收	买价		运杂费	其他	合计	
						单价	金额				
	塑壳	SC408	只	100 000	100 000	0.1	10 000.00			10 000.00	
合计							10 000.00			10 000.00	

②会计记账联

主管：赵宏 检验员：郑一 保管员：温暖 会计：

凭 1-1-4

中国银行 转账支票存根 (鲁)
10403720
01018001
附加信息
出票日期　年　月　日
收款人:
金　额:
用　途:
单位主管　会计

付款期限自出票之日起十天

中国银行 转账支票 (鲁)　10403720 01018001
出票日期（大写）　年　月　日　付款行名称:
收款人:　出票人账号:

人民币（大写）	亿	千	百	十	万	千	百	十	元	角	分

用途　密码
上列款项请从　行号
我账户内支付
出票人签章　复核　记账

凭 1-1-5

<table>
<tr><td rowspan="4">附加信息</td><td colspan="2">被背书人</td></tr>
<tr><td colspan="2"></td></tr>
<tr><td></td><td>背书人签章</td></tr>
<tr><td colspan="2">年　月　日</td></tr>
</table>

（粘贴单处）

凭 1-2-1

费用报销审批单

部门：采购部　　2015 年 01 月 01 日

经手人	张珊	事由	采购	
项目		金额	付款方式	备注
放大器		44 460.00		
合计		44 460.00		
公司领导审批意见	财务主管	部门领导	出纳	经手人
李宇	刘岚	赵宏		张珊

凭 1-2-2

山东省增值税专用发票

发票联

国家税务局监制

№ 06432120

开票日期：2015 年 01 月 01 日

购货单位	名　　称：潍坊嘉华电子有限责任公司 纳税人识别号：370704169354239 地 址、电 话：山东省潍坊市 0536-2900027 开户行及账号：中国银行潍坊市青年路支行 0101020304					密码区	略	
货物或应税劳务名称	规格型号	单位	数量	单价	金额	税率	税额	
放大器	AD822	只	20 000	1.9	38 000	17%	6 460.00	
合计					¥38 000.00		¥6 460.00	
价税合计（大写）	⊗肆万肆仟肆佰陆拾元整				（小写）¥44 460.00			
销货单位	名　　称：远大有限责任公司 纳税人识别号：37070512695836 地 址、电 话：山东省潍坊市 0536-8500046 开户行及账号：中国农业银行仓南路支行 1146532870					备注		

第三联　发票联　购货方记账凭证

收款人：　　复核：张敏　　开票人：李佳音　　销货单位：（章）

远大有限责任公司 37070512695836 发票专用章

凭 1-2-3

发票号码：06432120

供应单位：远大有限责任公司　　**收 料 单**　　收料单编号：963632

材料类别：　　2015 年 01 月 01 日　　收料仓库：材料库

编号	名称	规格	单位	数量		实际成本					备注
				应收	实收	买价		运杂费	其他	合计	
						单价	金额				
	放大器	AD822	只	20 000	20 000	1.9	38 000.00			38 000.00	
合计							38 000.00			38 000.00	

②会计记账联

主管：赵宏　　检验员：郑一　　保管员：温暖　　会计：

凭 1-3-1

山东省增值税专用发票

记账联

国家税务局监制

№ 00968722

开票日期：2015 年 01 月 01 日

购货单位		密码区	
	名　　称：鸿运有限责任公司 纳税人识别号：370705310043173 地 址、电 话：潍坊市文化路 126 号 0536-2267894 开户行及账号：中行文化路支行 8306613222		略

货物或应税劳务名称	规格型号	单位	数量	单价	金额	税率	税额
传感器	SN62	只	30 000	10	300 000.00	17%	51 000.00
合计					¥ 300 000.00		¥ 51 000.00
价税合计（大写）	⊗叁拾伍万壹仟元整				（小写）¥ 35 1000.00		

销货单位		备注	
	名　　称：潍坊嘉华电子有限责任公司 纳税人识别号：370704169354239 地 址、电 话：山东省潍坊市 0536-2900027 开户行及账号：中行潍坊支行 0101020304		潍坊嘉华电子有限责任公司 370704169354239 发票专用章

收款人：　　复核：刘岚　　开票人：张山　　销货单位（盖章）：

第一联：记账联　销货方记账凭证

凭 1-3-2

产品出库单

购货单位：鸿运有限责任公司　　2015 年 01 月 01 日　　编号：276812

商品名称及规格	单位	数量
传感器	只	30 000

会计主管：刘岚　　保管员：严谨　　记账：吴琳　　制单：李娜

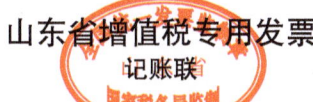

凭 1-3-3

中国银行 进 账 单（收账通知）

№ 30021235

2015 年 01 月 01 日

出票人	全　　称	鸿运有限责任公司	收款人	全　　称	潍坊嘉华电子有限责任公司
	账　　号	8306613222		账　　号	0101020304
	开户银行	中行文化路支行		开户银行	中国银行潍坊市青年路支行

人民币（大写）		千	百	十	万	千	百	十	元	角	分
	⊗叁拾伍万壹仟元整		¥	3	5	1	0	0	0	0	0

票据种类	转账支票	票据张数	1
票据号码			
复核　　记账			

中行潍坊青年路支行
2015.01.01
收讫

收款单位开户行盖章

此联是收款人开户银行给收款人的收账通知

凭 1-4-1

山东省增值税专用发票

发票联

山东省
国家税务局监制

№ 04872756

开票日期：2015 年 01 月 02 日

购货单位	名　　称：潍坊嘉华电子有限责任公司 纳税人识别号：370704169354239 地 址、电 话：山东省潍坊市 0536-2900027 开户行及账号：中行潍坊市青年路支行 0101020304	密码区	略

货物或应税劳务名称	规格型号	单位	数量	单价	金额	税率	税额
塑　壳	SC408	只	100	0.1	-10.00	17%	-1.70
合　计					¥-10.00		¥-1.70
价税合计（大写）	⊗壹拾壹元柒角整						（小写）¥-11.70

销货单位	名　　称：海星机电有限责任公司 纳税人识别号：37070513425656 地 址、电 话：山东省潍坊市 0536-2700012 开户行及账号：工行文化路支行 108800856	备注	海星机电有限责任公司 37070513425656 发票专用章

收款人：　　　　复核：李丽　　　　开票人：张杨　　　　销货单位（盖章）：

第三联：发票联

凭 1-4-2

专用专款收据

№ . 963603

收款日期 年 月 日

付款单位（交款人）		收款单位（收款人）		收款项目											第二联 收款单位记账依据
人民币（大写）			千	百	十	万	千	百	十	元	角	分	结算方式		
													现金		
收款事由				经办	部门										
					人员										
上述款项照数收讫无误。收款单位财会专用章：（领导人签章）		会计主管		稽核	出纳								交款人		
财务专用章		刘岚		吴丽											

凭 1-5-1

山东省增值税专用发票

记账联

№ 00968723

开票日期：2015 年 01 月 02 日

购货单位	名　　称：顺达机电公司 纳税人识别号：370705654897342 地 址、电 话：山东省潍坊市 0536-2602034 开户行及账号：中国银行潍坊市青年路支行 0302443578				密码区	略		第一联 记账联
货物或应税劳务名称	规格型号	单位	数量	单价	金额	税率	税额	
传声器		只	30 000	7.00	210 000.00	17%	35 700.00	
合计					¥210 000.00		¥35 700.00	
价税合计（大写）	⊗贰拾肆万伍仟柒佰元整				（小写）¥245 700.00			
销货单位	名　　称：潍坊嘉华电子有限责任公司 纳税人识别号：370704169354239 地 址、电 话：山东省潍坊市 0536-2900027 开户行及账号：中国银行潍坊市青年路支行 0101020304				备注	潍坊嘉华电子有限责任公司 370704169354239 发票专用章		

收款人：　　复核：刘岚　　开票人：张山　　销货单位：

凭 1–5–2

中国银行委托收款凭证（受理回单）1

委邮　　　　委托日期 2015 年 01 月 02 日　　　　委托号码 560

<table>
<tr><td rowspan="3">付款人</td><td>全称</td><td colspan="2">顺达机电公司</td><td rowspan="3">收款人</td><td>全称</td><td colspan="10">潍坊嘉华电子有限责任公司</td></tr>
<tr><td>账号</td><td colspan="2">0302443578</td><td>账号</td><td colspan="10">0101020304</td></tr>
<tr><td>开户银行</td><td colspan="2">中国银行潍坊市青年路支行</td><td>开户银行</td><td colspan="10">中国银行潍坊市青年路支行</td></tr>
<tr><td rowspan="2">委托金额</td><td rowspan="2">人民币（大写）</td><td colspan="4" rowspan="2">贰拾肆万伍仟柒佰元整</td><td>千</td><td>百</td><td>十</td><td>万</td><td>千</td><td>百</td><td>十</td><td>元</td><td>角</td><td>分</td></tr>
<tr><td>¥</td><td>2</td><td>4</td><td>5</td><td>7</td><td>0</td><td>0</td><td>0</td><td>0</td><td>0</td></tr>
<tr><td>款项内容</td><td>货款</td><td>委托收款凭据名称</td><td>销售合同</td><td colspan="12">附单证张数　1</td></tr>
<tr><td colspan="3">备注：</td><td colspan="13">收款单位开户行盖章
2015 年 01 月 02 日
中行潍坊青年路支行
2015.01.02
受理</td></tr>
</table>

此联是回单

凭 1–5–3

产 品 出 库 单

购货单位：顺达机电公司　　　　2015 年 01 月 02 日　　　　编号：276813

商品名称及规格	单位	数量
传声器	只	30 000

会计主管：刘岚　　保管员：严谨　　记账：吴琳　　制单：李娜

凭 1-6-1

国家税务总局山东省支局

企业进货退出及索取折让证明单

№ 00000158

销货单位	全称	潍坊嘉华电子有限责任公司			
	纳税人登记号	370704169354239			
进货退出	货物名称	单价	数量	货款	税额
	传感器	10.00	50	500.00	85.00
退货理由	有质量问题 经办人： 单位签章 2015 年 01 月 03 日		征收机关签章	同意 经办人： 2015 年 01 月 03 日	
购货单位	全称	鸿运有限责任公司			
	纳税人登记号	370705310043173			

凭 1-6-2

山东省增值税专用发票

记账联

№ 00968724

开票日期：2015 年 01 月 03 日

购货单位	名　　称：鸿运有限责任公司 纳税人识别号：370705310043173 地 址、电 话：潍坊市文化路 126 号 0536-2267894 开户行及账号：中行文化路支行 8306613222			密码区	略		
货物或应税劳务名称	规格型号	单位	数量	单价	金额	税率	税额
传感器	SN62	只	50	10	-500.00	17%	-85.00
合计					¥ -500.00		¥ -85.00
价税合计（大写）	⊗伍佰捌拾伍元整				（小写）¥ -585.00		
销货单位	名　　称：潍坊嘉华电子有限责任公司 纳税人识别号：370704169354239 地 址、电 话：山东省潍坊市 0536-2900027 开户行及账号：中行潍坊市青年路支行 0101020304			备注			

第一联：记账联　销货方记账凭证

收款人：　　复核：刘岚　　开票人：张山　　销货单位（盖章）：

凭 1-6-3

中国银行 电汇凭证（回单）

□普通 □加急　　　　委托日期：2015 年 01 月 03 日

汇款人	全　称	潍坊嘉华电子有限责任公司	收款人	全　称	鸿运有限责任公司
	账　号	0101020304		账　号	8306613222
	汇出地点	潍坊市青年路		汇入地点	潍坊市文化路 126 号
汇出行名称		中国银行潍坊市青年路支行	汇入行名称		中行文化路支行

金额	人民币（大写）伍佰捌拾伍元整		千	百	十	万	千	百	十	元	角	分
							¥	5	8	5	0	0

汇出行签章 中行潍坊青年路支行 2015.01.03 转讫	支付密码	
	附加信息及用途： 销货退回业务返款 复核：　　　　记账：	

此联汇出行给汇款人的回执

凭 1-6-4

产品入库单

收到：传感器　　　　2015 年 01 月 03 日　　　　编号：325701

编号	名称及规格	单位	数量	单位成本	总成本	备注
	传感器 SN62	只	50			因质量问题退货
合　计			50			

会计主管：　　仓库主管：　　保管：严谨　　交库：赵洋　　制单：

凭 1–7–1

山东省商品销售统一发票

全国统一发票监制章 山东省 国家税务局

发票联

客户名称：潍坊嘉华电子有限责任公司　　2015 年 01 月 07 日

货号	名称及规格	单位	数量	单价	金额									
					千	百	十	万	千	百	十	元	角	分
A4	打印纸	包	60	20					1	2	0	0	0	0
合计金额（大写）	人民币壹仟贰佰元整							¥	1	2	0	0	0	0
付款方式	转账支票	开户银行及账号												

②报销凭证

收款单位（盖章）　　开票人：

潍坊百货大楼 财务专用章

凭 1–7–2

中国银行 转账支票存根 (鲁)

10403720

01018002

附加信息

出票日期　年　月　日

收款人：

金　额：

用　途：

单位主管　　会计

中国银行 转账支票 (鲁)　　10403720　01018002

付款期限自出票之日起十天

出票日期（大写）　年　月　日　　付款行名称：

收款人：　　出票人账号：

人民币（大写）	亿	千	百	十	万	千	百	十	元	角	分

用途　　密码

上列款项请从　　行号

我账户内支付

出票人签章　　复核　　记账

凭 1-7-3

<table>
<tr><td rowspan="4">附加信息</td><td colspan="2">被背书人</td></tr>
<tr><td colspan="2"></td></tr>
<tr><td></td><td>背书人签章</td></tr>
<tr><td colspan="2">年　月　日</td></tr>
</table>

（粘贴单处）

凭 1-7-4

办公用品发放表

2015 年 01 月 07 日

单位：元

部门	用品	数量（包）	单价	金额
生产部门	打印纸	10	20	200
管理部门	打印纸	40	20	800
销售部门	打印纸	10	20	200
合计		60	20	1 200

凭 1-8-1

差旅费报销单

报销部门：办公室　　2015 年 01 月 08 日　　附单据 5 张

姓名	刘军	职务	办公室主任	出差事由	开会

出差起止日期自 2015 年 01 月 04 日起至 2015 年 01 月 07 日　附单据 5 张

日期		起讫地点	差旅补助			交通费	住宿费	会务费	其他	小计
月	日		天数	标准	金额					
1	4	潍坊—北京	3	100	300.00	216.00	568	200.00		1 284.00
1	7	北京—潍坊	1	100	100.00	216.00				316.00
		合　计								1 600.00

合计人民币（大写）壹仟陆佰元整

预领金额：　元　｜　交（退）回金额　元　应补付金额　元

会计主管：刘岚　　出纳：马明

现金付讫

凭 1-9-1

工资结算表

制作单位：潍坊嘉华电子有限责任公司 2015 年 01 月 单位：元

姓名	属性	基本工资	补贴	奖金	应发工资	代扣款项	实发工资	签名
王蒙	工人	1 600.00	800.00	300.00	2 700.00	573.00	2 700.00	***
李方	工人	1 700.00	800.00	400.00	2 900.00	562.00	2 900.00	***
……	……	……	……	……	……	……	……	***
夏阳	管理	2 000.00	900.00	300.00	3 200.00	591.00	3 200.00	***
……	……	……	……	……	……	……	……	***
生产车间合计		78 607.08	18 200.00	9 100.00	105 907.08	29 295.96	76 611.12	
刘永	管理	2 200.00	1 000.00	500.00	3 700.00	602.00	3 700.00	***
……	……	……	……	……	……	……	……	***
行政管理部门合计		22 300.00	12 353.00	7 437.00	42 090.00	7 568.19	34 521.81	
张力	销售	1 900.00	900.00	600.00	3 400.00	712.00	3 400.00	***
……	……	……	……	……	……	……	……	***
销售部门合计		29 328.00	17 625.00	8 621.00	55 574.00	4 867.93	50 706.07	
总计		130 235.08	48 178.00	25 158.00	203 571.08	41 732.08	161 839.00	

制表人：李洁

凭 1-9-2

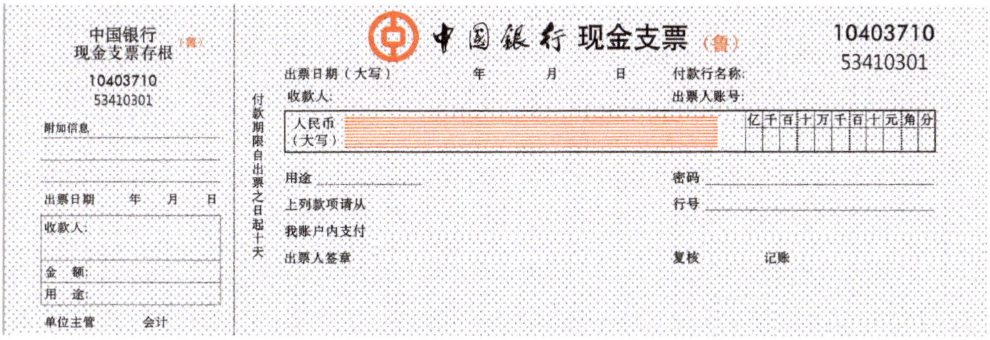

凭 1-9-3

附加信息	被背书人
	背书人签章
	年 月 日

（粘贴单处）

凭 1-10-1

中 华 人 民 共 和 国

税收电子转账专用完税凭证（2015）鲁国税（第 12 号）

填发日期：2015 年 01 月 10 日

税务登记代码	370704169354239	征收机关	潍坊市国家税务局潍城分局
纳税人全称	潍坊嘉华电子有限责任公司	收款银行（邮局）	中国银行潍坊市青年路支行

税（费）种	税款所属时期	实缴金额
增值税（17%）	2014.12.01 至 2014.12.31	18 264.01
城市维护建设税工业（7%）	2014.12.01 至 2014.12.31	1 274.48
教育费附加工业（3%）	2014.12.01 至 2014.12.31	547.92
企业所得税（25%）	2014.12.01 至 2014.12.31	35 201.56
金额合计	（大写）伍万伍仟贰佰捌拾柒元玖角柒分	
税务机关（盖章）	备注	上列款项已收妥并划款 收款单位账户国库（银行）盖章

电脑打印 手写无效

凭 1-11-1

中国银行转账支票存根	中国银行 转账支票
10403720 01018003	10403720 01018003
附加信息	出票日期（大写）　年　月　日　付款行名称: 收款人:　出票人账号:
出票日期　年　月　日	人民币（大写）　亿 千 百 十 万 千 百 十 元 角 分
收款人:	付款期限自出票之日起十天 用途　密码 上列款项请从　行号 我账户内支付 出票人签章　复核　记账
金　额:	
用　途:	
单位主管　会计	

凭 1-11-2

附加信息	被背书人	
		背书人签章
	年　月　日	

（粘贴单处）

凭 1-11-3

中国银行转账支票存根	中国银行 转账支票
10403720 01018004	10403720 01018004
附加信息	出票日期（大写）　年　月　日　付款行名称: 收款人:　出票人账号:
出票日期　年　月　日	人民币（大写）　亿 千 百 十 万 千 百 十 元 角 分
收款人:	付款期限自出票之日起十天 用途　密码 上列款项请从　行号 我账户内支付 出票人签章　复核　记账
金　额:	
用　途:	
单位主管　会计	

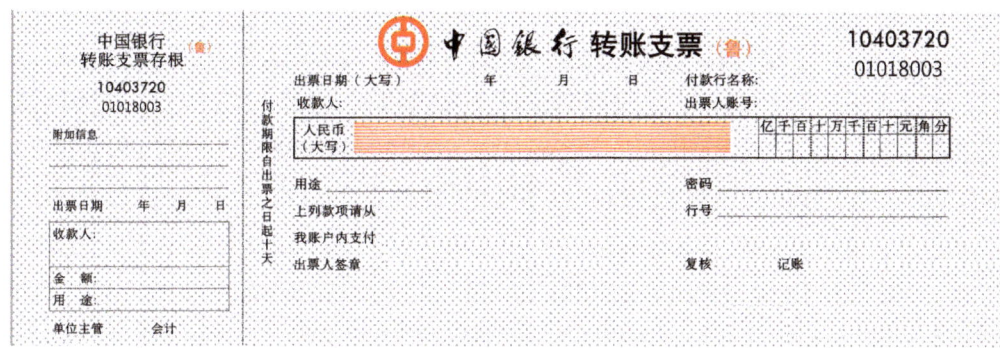

凭 1-11-4

附加信息	被背书人	
		背书人签章
		年　月　日

（粘贴单处）

凭 1-12-1

山东省增值税专用发票

发票联

全国统一发票监制章 山东省 国家税务局监制

№ 09682132

开票日期：2015 年 01 月 21 日

购货单位	名　　称：潍坊嘉华电子有限责任公司 纳税人识别号：370704169354239 地 址、电 话：山东省潍坊市 0536-2900027 开户行及账号：中行潍坊市青年路支行 0101020304				密码区	略		
货物或应税劳务名称		规格型号	单位	数量	单价	金额	税率	税额
电			度			3 300.00	17%	561.00
合　计						¥3 300.00		¥561.00
价税合计（大写）	⊗叁仟捌佰陆拾壹元整					（小写）¥3 861.00		
销货单位	名　　称：潍坊市供电公司 纳税人识别号：370702296543256 地 址、电 话：山东省潍坊市 0536-88697342 开户行及账号：交通银行和平路支行 62254562578				备注	潍坊市供电公司 370702296543256 发票专用章		

收款人：　　复核：孙磊　　开票人：刘霞　　销货单位（盖章）：

第三联：发票联

凭 1–12–2

中国银行委托收款凭证（付款通知）

委托号码 241

委邮　　委托日期 2015 年 01 月 21 日　　付款日期 2015 年 01 月 21 日

付款人	全称	潍坊嘉华电子有限责任公司	收款人	全称	潍坊市供电公司
	账号	0101020304		账号	62254562578
	开户银行	中国银行潍坊市青年路支行		开户银行	交通银行和平路支行

委托金额	人民币（大写）	千	百	十	万	千	百	十	元	角	分
	叁仟捌佰陆拾壹元整				¥	3	8	6	1	0	0

款项内容	电费	委托收款凭据名称	增值税发票	附寄单证张数	1

备注：	付款人注意： 1. 应于见票当日通知开户银行划款 2. 如需拒付，应在规定期限内，将拒付理由书并附债务证明退交开户银行

中行潍坊青年路支行
2015.01.21
转讫

单位主管　　会计　　复核　　记账　　付款人开户行银行盖章

此联付款人开户银行给付款人按期付款通知

凭 1–12–3

电费分割单

2015 年 01 月 21 日

使用部门	实用电量	单价	电费（元）
生产车间	3 000	1.00	3 000.00
管理部门	200	1.00	200.00
销售部门	100	1.00	100.00
合计	—	—	3 300.00

会计主管：刘岚　　审核：　　制单：李洁

凭 1–13–1

山东省增值税专用发票

发票联

№ 09687213

开票日期：2015 年 01 月 22 日

购货单位	名　　称：潍坊嘉华电子有限责任公司 纳税人识别号：370704169354239 地 址、电 话：山东省潍坊市 0536-2900027 开户行及账号：中行潍坊市青年路支行 0101020304				密码区	略	
货物或应税劳务名称	规格型号	单位	数量	单价	金额	税率	税额
水		立方			700.00	17%	119.00
合　计					¥700.00		¥119.00
价税合计（大写）	人民币捌佰壹拾玖元整				（小写）¥819.00		
销货单位	名　　称：潍坊市自来水公司 纳税人识别号：37070296543232 地 址、电 话：山东省潍坊市 0536-88693472 开户行及账号：交通银行和平路支行 62254562634				备注	潍坊市自来水公司 发票专用章	

第三联：发票联

收款人：　　复核：肖云　　开票人：李静　　销货单位（盖章）：

凭 1–13–2

中国银行委托收款凭证（付款通知）

委托号码 248

委邮　　委托日期 2015 年 01 月 22 日　　付款日期 2015 年 01 月 22 日

付款人	全　　称	潍坊嘉华电子有限责任公司	收款人	全　　称	潍坊市自来水公司
	账　　号	0101020304		账　　号	62254562634
	开户银行	中国银行潍坊市青年路支行		开户银行	中国交通银行南京路路支行

			千	百	十	万	千	百	十	元	角	分
委托金额	人民币（大写）	捌佰壹拾玖元整					¥	8	1	9	0	0

款项内容	电费	委托收款凭据名称	增值税发票	附寄单证张数	1

备注：	付款人注意： 1. 应于见票当日通知开户银行划款 2. 如需拒付，应在规定期限内，将拒付理由书并附债务证明退交开户银行 中行潍坊青年路支行 2015.01.22 转讫

此联付款人开户银行给付款人按期付款通知

单位主管　　会计　　复核　　记账　　付款人开户行银行盖章

凭 1–13–3

水费分割单

2015 年 01 月 22 日

使用部门	实用水量	单价	水费（元）
生产车间	100	5.00	500.00
管理部门	20	5.00	100.00
销售部门	20	5.00	100.00
合计	—	—	700.00

会计主管：刘岚　　审核：　　制单：李洁

凭 1–14–1

领 料 单

领料单位：生产车间　　编号：625138

用　　途：生产传声器　　15 年 01 月 23 日　　仓库：材料库

材料编号	材料名称及规格	计量单位	数量		成本		
			请领	实领	数量	单位成本	金额
	线圈	只	50 000	50 000			
	放大器	只	50 000	50 000			
	场效应管	只	50 000	50 000			
	塑壳	只	50 000	50 000			

领料单位负责人：谭倩　　领料人：张艳　　发料人：赵莉　　制单：孟红伟

凭 1–14–2

领 料 单

领料单位：生产车间　　编号：625139

用　　途：生产传感器　　2015 年 01 月 23 日　　仓库：材料库

材料编号	材料名称及规格	计量单位	数量		成本		
			请领	实领	数量	单位成本	金额
	线圈	只	50 000	50 000			
	放大器	只	50 000	50 000			
	场效应管	只	50 000	50 000			
	塑壳	只	50 000	50 000			

领料单位负责人：贺红　　领料人：范娟　　发料人：赵莉　　制单：孟红伟

凭 1-15-1

工资费用分配汇总表

2015 年 01 月 31 日

单位：元

车间及部门		应付职工薪酬	
		生产工时（小时）	分配额
生产车间	传感器工人	1 400	
	传声器工人	600	
	小计	2 000	132 607.10
	车间管理人员	—	10 300.00
管理部门		—	36 918.00
销售部门		—	23 746.00
合计		—	203 571.10

会计主管：　　审核：　　制单：李洁

凭 1-15-2

代扣款项结转表

2015 年 01 月 31 日

单位：元

部门＼项目		工资总额	医疗保险（2%）	养老保险（8%）	失业保险（0.5%）	合计	住房公积金（10%）
生产车间	传感器工人						
	传声器工人						
	车间管理人员						
管理部门							
销售部门							
合计							

会计主管：　　审核：　　制单：

凭 1-16-1

五险一金计算分配表

年　月　日

单位：元

项目 部门		工资总额	养老保险（18%）	医疗保险（7%）	失业保险（1%）	工伤保险（0.8%）	生育保险（1%）	合计	住房公积金（10%）
生产车间	传感器工人								
	传声器工人								
	车间管理人员								
管理部门									
销售部门									
合计									

会计主管：　　　　审核：　　　　制单：

凭 1-17-1

职工福利费计提表

年　月　日

单位：元

项目 部门		工资总额	职工福利费（14%）
生产车间	传感器工人		
	传声器工人		
	车间管理人员		
管理部门			
销售部门			
合计			

会计主管：　　　　审核：　　　　制单：

凭 1-18-1

各项经费计算分配表

年　月　日

单位：元

部门＼项目		工资总额	工会经费（2%）	职工教育经费（1.5%）	合计
生产车间	传感器工人				
	传声器工人				
	车间管理人员				
管理部门					
销售部门					
合计					

会计主管：　　　　审核：　　　　制单：

凭 1-19-1

固定资产折旧计算表

年　月　日

单位：元

使用部门	项目	原值	预计净残值率	可使用年限	折旧方法	月折旧额
生产车间						
管理部门						
销售部门						
总计						

会计主管：　　　　审核：　　　　制单：

凭 1-20-1

无形资产摊销表

年　月　日

单位：元

项目	计算基数	摊销期	月摊销额
专利权			
合计			

会计主管：　　　　审核：　　　　制单：

凭 1–21–1

制造费用分配表

年　月　日

单位：元

产品名称	生产工时（小时）	分配金额
传感器	1 400	
传声器	600	
合计	2 000	

会计主管：　　　　　　　　审核：　　　　　　　　制单：

凭 1–22–1

完工产品成本计算表

年　月　日

产品名称	本月完工产量（件）	项目	直接材料	直接人工	制造费用	合计
传感器	50 000	期初在产品成本				
		本月生产成本				
		合计				
传声器	50 000	期初在产品成本				
		本月生产成本				
		合计				

会计主管：　　　　　　　　审核：　　　　　　　　制单：

凭 1–22–2

产成品入库单

年　月　日

入库部门：生产车间　　　　　　　　单位：元

类别	编号	名称及规格	计量单位	实收数量	单位成本	总成本
		传感器	件	50 000		
		传声器	件	50 000		
合 计			—	—	—	

制表：　　　　　　　　保管：　　　　　　　　检验：

注：一式三联，一联产成品库存单，一联交基本生产车间，一联交财务部。

凭 1-23-1

销售产品成本计算表

年　月　日

单位：元

产品名称	期初结存		本期完工入库		加权平均单价	本期销售成本		期末结存	
	数量	总成本	数量	总成本		数量	总成本	数量	总成本
传感器									
传声器									

会计主管：　　　　审核：　　　　制单：

凭 1-24-1

未交增值税结转表

年　月　日

单位：元

项目	栏次	金额
本期销项税额	1	
本期进项税额	2	
本期进项税额转出	3	
本期抵扣税额	4=2－3	
本期应纳税额	5=1－4	
本期留底税额	6	
转出未交增值税	7	

会计主管：　　　　审核：　　　　制单：

凭 1-25-1

本月应交城建税及教育费附加计算表

年　月　日

单位：元

税　种	计税依据				税率	应纳税金额
	增值税	营业税	消费税	合计		
城市维护建设税					7%	
教育费附加					3%	
合　计						

会计主管：　　　　审核：　　　　制单：

凭 1-26-1

本月损益类账户余额表

年　月　日

单位：元

科目名称	结转前借方余额	结转前贷方余额
合计		

会计主管：　　　　审核：　　　　制单：

凭 1-27-1

本月损益类账户余额表

年　月　日

单位：元

科目名称	结转前借方余额	结转前贷方余额
合计		

会计主管：　　　　审核：　　　　制单：

凭 1-28-1

企业所得税计算表

年　月　日至　年　月　日　　　　　单位：元

项目	行数	本月数
一、营业收入	1	
减：营业成本	2	
营业税金及附加	3	
销售费用	4	
管理费用	5	
财务费用	6	
资产减值损失	7	
加：公允价值变动收益（损失以“-”号填列）	8	
投资收益（损失以“-”号填列）	9	
其中：对联营企业和合营企业的投资收益	10	
二、营业利润（亏损以“-”号填列）	11	
加：营业外收入	12	
减：营业外支出	13	
其中：非流动资产处置损失	14	
三、利润总额（亏损总额以“-”号填列）	15	
加：纳税调整增加额	16	
减：纳税调整减少额	17	
四、应纳税所得额	18	
适用税率	19	
五、应纳所得税额	20	

会计主管：　　　　　　审核：　　　　　　制单：

表 3–7

资 产 负 债 表

会企 01

编制单位：　　　　　　　　　　　　年　月　日　　　　　　　　　单位：元

资产	期末余额	年初余额	负债和所有者权益(或股东权益)	期末余额	年初余额
流动资产：			流动负债：		
货币资金			短期借款		
交易性金融资产			交易性金融负债		
应收票据			应付票据		
应收账款			应付账款		
预付款项			预收款项		
应收利息			应付职工薪酬		
应收股利			应交税费		
其他应收款			应付利息		
存货			应付股利		
一年内到期的非流动资产			其他应付款		
其他流动资产			一年内到期的非流动负债		
流动资产合计			其他流动负债		
非流动资产：			流动负债合计		
可供出售金融资产			非流动负债：		
持有至到期投资			长期借款		
长期应收款			应付债券		
长期股权投资			长期应付款		
投资性房地产			专项应付款		
固定资产			预计负债		
在建工程			递延所得税负债		
工程物资			其他非流动负债		
固定资产清理			非流动负债合计		
生产性生物资产			负债合计		
油气资产			所有者权益（或股东权益）：		
无形资产			实收资本（或股本）		
开发支出			资本公积		
商誉			减：库存股		
长期待摊费用			盈余公积		
递延所得税资产			未分配利润		
其他非流动资产			所有者权益（或股东权益）合计		
非流动资产合计					
资产总计			负债和所有者权益（或股东权益）总计		

表 3-8

利 润 表

会企 02 表

编制单位：　　　　　　　　　　年度　　　　　　　　　　单位：元

项目	本期金额	上期金额
一、营业收入		
减：营业成本		
营业税金及附加		
销售费用		
管理费用		
财务费用		
资产减值损失		
加：公允价值变动收益（损失以"-"号填列）		
投资收益（损失以"-"号填列）		
其中：对联营企业和合营企业的投资收益		
二、营业利润（亏损以"-"号填列）		
加：营业外收入		
减：营业外支出		
其中：非流动资产处置损失		
三、利润总额（亏损总额以"-"号填列）		
减：所得税费用		
四、净利润（净亏损以"-"号填列）		
五、每股收益		
（一）基本每股收益		
（二）稀释每股收益		
六、综合收益		
（一）其他综合收益		
（二）综合收益总额		

（二）2月发生业务的原始凭证

凭 2-1-1

中国工商银行借款合同（流动资金贷款类）

借款单位：（简称甲方）　潍坊嘉华电子有限责任公司
贷款银行：（简称乙方）　中国工商银行青年路支行

甲方为适应生产发展需要，特向乙方申请　短期　借款，经乙方审同意发放。为明确双方责任，恪守信用，特签订本合同，共同遵守。

一、甲方向乙方借款人民币（大写）　贰拾　万元，规定用于　日常生产经营　。

二、借款期约定为　零　年　10　个月，即从 2015 年　2　月　1　日至 2015 年　11　月 30 日。乙方保证按计划和下达的贷款指标额度供应资金，甲方保证按规定的用途用款。

三、贷款利息，自支用贷款之日起，以借款额按月息　6.5　‰计算，按月结息。甲方不按期归还贷款，逾期部分加收利息　2　%；不按规定用途使用贷款，挪用部分罚收利息　1　%；超储、积压设备、材料占用的贷款，加收利息　1　%。

在本合同有效期内，如国家调整利率，从调整之日起，乙方即按调整后的贷款利率计（结）算贷款利息，同时书面通知甲方和担保单位。

四、甲方保证按还款计划归还贷款本金。
甲方保证按下述方式按时付息：　到期一次还本付息。
甲方不能按时付息的，乙方有权从甲方账户中扣收或暂时停止支付贷款。

五、借款到期，甲方如不能按期偿还，由担保单位代为偿还。担保单位在收到乙方还款通知一个月后仍未归还，乙方有权从甲方（或担保方）的各项投资和存款户中扣收，或变卖甲方抵押的财产归还其借款。

六、乙方有权检查贷款使用情况，了解甲方的经营管理、计划执行、财务活动、物资库存等情况。甲方保证按季提供有关统计、会计、财务等方面的报表和资料。

七、在本合同有效期内，甲方因实行承包、租赁，兼并等而变更经营方式的，必须通知乙方参与清产核资和承包、租赁、兼并合同（协议）的研究、签订的全过程，并根据国家有关规定落实债务、债权关系。

八、需要变更合同条款的，经甲乙双方协商一致，应签订借款合同补充文本。

九、甲方向乙方填送借款申请书，并对偿还借款本息，以抵押或（和）第三方保证的方式提供担保，并签订抵押担保协议书。甲方填送的申请书和各方签订的协议书，均为本合同的组成部分。

十、________________（甲乙双方商定的其他条款）

十一、本合同自签订之日起生效，贷款本息全部偿清后失效。

十二、本合同正本三份，甲乙方、保证方各执一份，副本　6　份，送乙方财会部门和有关部门。

借款单位：（公章）［印章：潍坊嘉华电子有限责任公司］　　贷款银行：（公章）［印章：中国工商银行青年路支行］
法定代表人：（签字）　雷鸣　　法人代表人或负责人：（签字）　王亮

担保单位：（公章）［印章：海星机电有限责任公司］
法定代表人：（签字）　刘明

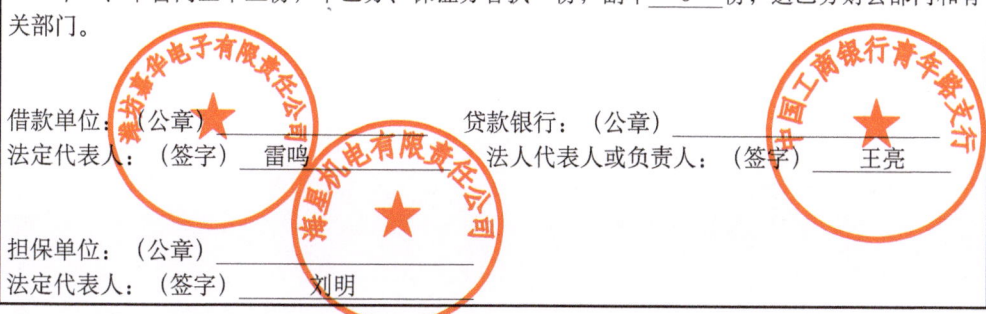

凭 2-1-2

中国工商银行 进 账 单（收账通知）

№ 30017791

2015 年 02 月 01 日

出票人	全　　称	中国工商银行青年路支行	收款人	全　　称	潍坊嘉华电子有限责任公司
	账　　号	0102362689		账　　号	0101020304
	开户银行	中国工商银行青年路支行		开户银行	中国工商银行潍坊市青年路支行

人民币（大写）	千	百	十	万	千	百	十	元	角	分
贰拾万元整		¥	2	0	0	0	0	0	0	0

票据种类	借款凭证	票据张数	1
票据号码			

复核　　记账

收款单位开户行盖章

工行潍坊青年路支行
2015.02.01
收 讫

此联是收款人开户银行给收款人的收账通知

凭 2-2-1

借 款 单

2015 年 02 月 02 日

借款人：秦奋		
借款事由：出差		
借款金额：人民币（大写）贰仟元整		¥ 2 000.00
部门负责人：同意 张山		借款人：秦奋
会计主管：刘岚	付款方式：现金	出纳：马明

现金付讫

凭 2-3-1

中国银行委托收款凭证（汇款依据或收款通知）4

委托日期 2015 年 02 月 03 日

付款人	全称	顺达机电公司	收款人	全称	潍坊嘉华电子有限责任公司
	账号	0302443578		账号	0101020304
	开户银行	中国银行潍坊市青年路支行		开户银行	中国银行潍坊市青年路支行

托收金额	千	百	十	万	千	百	十	元	角	分
人民币（大写）贰拾肆万伍仟柒佰元整		¥	2	4	5	7	0	0	0	0

款项内容	货款	托收凭证名称	销售合同	附寄单证张数	1 张
商品发运情况	已发运	合同名称号码	04763		

备注：	上列款项已划回收入你方账户内。
	收款人开户银行签章
	2015 年 02 月 03 日
复核　记账	中行潍坊青年路支行 2015.02.03 收讫

凭 2-4-1

差 旅 费 报 销 单

报销部门：销售部　　2015 年 02 月 05 日　　附单据 5 张

姓名	秦奋	职务	主任	出差事由	出差

出差起止日期自 2015 年 2 月 2 日起至 2015 年 2 月 5 日　　附单据 5 张

日期		起讫地点	差旅补助			交通费	住宿费	会务费	其他	小计
月	日		天数	标准	金额					
2	2	潍坊—青岛	3	100	300	120	340	200		960
2	5	青岛—潍坊	1	100	100	40				140
		合　计								1 100

现金付讫

合计人民币（大写）壹仟壹佰元整

预领金额：2 000 元　　交（退）回金额 900 元　应补付金额　　元

会计主管：刘岚　　出纳：马明

凭 2-4-2

收　　据

2015 年 02 月 05 日　　　　№ . 1367901

今 收 到：秦奋	
交　　来：剩余差旅费（现金）	现金收讫
人民币（大写）玖佰元整	（小写）￥900.00
收款单位盖章：	经收人签章：李洁

单位主管：刘岚　　会计：王强　　出纳：马明　　记账：李洁

凭 2-5-1

山东省增值税专用发票

发票联

№ 3296211

开票日期：2015 年 02 月 06 日

购货单位	名　　称：潍坊嘉华电子有限责任公司 纳税人识别号：370704169354239 地 址、电 话：山东省潍坊市 0536-2900027 开户行及账号：中国银行潍坊市青年路支行 0101020304			密码区	略		
货物或应税劳务名称	规格型号	单位	数量	单价	金额	税率	税额
线圈 场效应管	SO203 TF219	只 只	70 000 70 000	0.4 0.6	28 000 42 000	17% 17%	4 760 7 140
合计					￥70 000.00		￥11 900.00
价税合计（大写）	⊗捌万壹仟玖佰元整				（小写）￥81 900.00		
销货单位	名　　称：潍坊大华有限责任公司 纳税人识别号：37070564532453 地 址 电 话：山东省潍坊市 0536-2600137 开户行及账户：中国银行潍坊市四平路支行 0102023232			备注	潍坊大华有限责任公司 37070564532453		

收款人：刘亮　　复核：萧雄　　开票人：王梅　　销货单位：(章)

第三联　发票联　购货方记账凭

凭 2-5-2

收　料　单

发票号码：NO 0056321

供应单位：潍坊大华有限责任公司　　　　收料单编号：963603

材料类别：　　　　2015 年 02 月 06 日　　　　收料仓库：材料库

编号	名称	规格	单位	数量		实际成本					备注
				应收	实收	买价		运杂费	其他	合计	
						单价	金额				
	线圈	SO20	只	70 000	70 000	0.4	28 000			28 000.00	
	场效应管	TF219	只	70 000	70 000	0.6	42 000			42 000.00	
合计							70 000			70 000.00	

②会计记账联

主管：赵宏　　检验员：郑一　　保管员：温暖　　会计：

凭 2-6-1

工 资 结 算 表

制作单位：潍坊嘉华电子有限责任公司　2015 年 02 月　　　　单位：元

姓名	属性	基本工资	补贴	奖金	应发工资	代扣款项	实发工资	签名
王蒙	工人	1 600.00	800.00	300.00	2 700.00	573.00	2 700.00	***
李方	工人	1 700.00	800.00	400.00	2 900.00	562.00	2 900.00	***
……	……	……	……	……	……	……	……	***
夏阳	管理	2 000.00	900.00	300.00	3 200.00	591.00	3 200.00	***
……	……	……	……	……	……	……	……	***
生产车间合计		78 607.08	18 200.00	9 100.00	105 907.08	29 295.96	76 611.12	
刘永	管理	2 200.00	1 000.00	500.00	3 700.00	602.00	3 700.00	***
……	……	……	……	……	……	……	……	***
行政管理部门合计		22 300.00	12 353.00	7 437.00	42 090.00	7 568.19	34 521.81	
张力	销售	1 900.00	900.00	600.00	3 400.00	712.00	3 400.00	***
……	……	……	……	……	……	……	……	***
销售部门合计		29 328.00	17 625.00	8 621.02	55 574.02	4 867.93	50 706.09	
总计		130 235.08	48 178.00	25 158.02	203 571.10	41 732.08	161 839.02	

制表人：李洁

凭 2-6-2

中国银行 现金支票存根（鲁）
10403710
53410302
附加信息
出票日期　年　月　日
收款人：
金　额：
用　途：
单位主管　　会计

付款期限自出票之日起十天

中国银行 现金支票（鲁）　10403710　53410302

出票日期（大写）　年　月　日　付款行名称：
收款人：　出票人账号：

人民币（大写）	亿	千	百	十	万	千	百	十	元	角	分

用途　　密码
上列款项请从　　行号
我账户内支付
出票人签章　　复核　　记账

凭 2-6-3

<table>
<tr><td rowspan="4">附加信息</td><td colspan="2">被背书人</td></tr>
<tr><td colspan="2"></td></tr>
<tr><td></td><td>背书人签章</td></tr>
<tr><td colspan="2">年　月　日</td></tr>
</table>

（粘贴单处）

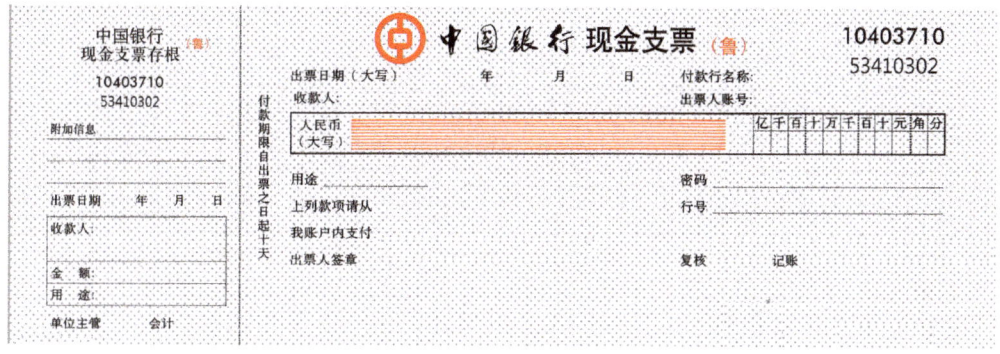

凭 2-7-1

中华人民共和国

税收电子转账专用完税凭证　（2015）鲁国税（第 12 号）

填发日期：2015 年 02 月 10 日

税务登记代码	370704169354239		征收机关	潍坊市国家税务局潍城分局
纳税人全称	潍坊嘉华电子有限责任公司		收款银行（邮局）	中国银行潍坊市青年路支行
税（费）种		税款所属时期		实缴金额
增值税（17%） 城市维护建设税工业（7%） 教育费附加工业（3%）		2015.01.01 至 2015.01.31 2015.01.01 至 2015.01.31 2015.01.01 至 2015.01.31		
金额合计	（大写）捌万伍仟伍佰伍拾肆元叁角柒分			
税务机关 （盖章）	备注	上列款项已收妥并划款 收款单位账户国库（银行）盖章		

电脑打印　　手写无效

凭 2-8-1

山东省增值税专用发票

发票联

№ 2874561

开票日期：2015 年 02 月 12 日

购货单位	名　称：潍坊嘉华电子有限责任公司 纳税人识别号：370704169354239 地址、电话：山东省潍坊市 0536-2900027 开户行及账号：中国银行潍坊市青年路支行 0101020304					密码区	略	
货物或应税劳务名称	规格型号	单位	数量	单价	金额	税率	税额	
切割机		台	1	135 000	135 000	17%	22 950	
合计					¥ 135 000.00		¥ 22 950.00	
价税合计（大写）	⊗壹拾伍万柒仟玖佰伍拾元整					（小写）	¥ 157 950.00	
销货单位	名　称：佳通机电有限责任公司 纳税人识别号：37030635962442 地址、电话：山东省淄博市 0533-3600058 开户行及账户：中国农业银行张店区支行 2102041357					备注		

第三联　发票联　购货方记账凭

收款人：　　复核：王娜　　开票人：张蕾　　销货单位：（章）

凭 2-8-2

公路、内河货物运输业统一发票

发票联

发票代码：237000971231

开票日期：2015 年 02 月 12 日　　　　发票号码：00252031

机打代码 机打号码 机器编号	略	税控号	略	
收货人及纳税人识别号	潍坊嘉华电子有限责任公司 370704169354239	承运人及纳税人识别号	潍坊速达运输有限责任公司 370702168354785	
发货人及纳税人识别号	佳通机电有限责任公司 37030635962442	主管税务机关及代码	略	
运输项目及金额	货物名称：切割机 计费公里： 单位运价： 运　　费：1 000.00	其他项目及金额		备注： 潍坊 ↔ 淄博
运费小计	¥1 000.00	其他费用小计	¥0.00	
合计（大写）	人民币壹仟元整		（小写）¥1 000.00	

第二联　发票联　付款方记账凭证

承运人盖章　潍坊速达运输有限公司　370702168354785　发票专用章　　　　开票人：张如倩

凭 2-8-3

中国银行 电汇凭证（回单）

□普通 □加急　　　　委托日期：2015 年 02 月 12 日

汇款人	全　称	潍坊嘉华电子有限责任公司	收款人	全　称	佳通机电有限责任公司
	账　号	0101020304		账　号	2102041357
	汇出地点	潍坊市青年路		汇入地点	山东省淄博市
汇出行名称		中国银行潍坊市青年路支行	汇入行名称		中国农业银行张店区支行

金额	人民币（大写）贰万贰仟玖佰伍拾元整	千	百	十	万	千	百	十	元	角	分
				¥	2	2	9	5	0	0	0

汇出行签章 中行潍坊青年路支行 2015.02.12 转讫	支付密码 附加信息及用途： 购买设备款 复核：　　　　记账：

此联汇出行给汇款人的回执

凭 2-8-4

中国银行 电汇凭证（回单）

□普通 □加急　　　委托日期：2015 年 02 月 12 日

<table>
<tr><td rowspan="3">汇款人</td><td>全　称</td><td colspan="2">潍坊嘉华电子有限责任公司</td><td rowspan="3">收款人</td><td>全　称</td><td colspan="10">潍坊速达运输有限公司</td></tr>
<tr><td>账　号</td><td colspan="2">0101020304</td><td>账　号</td><td colspan="10">8306614567</td></tr>
<tr><td>汇出地点</td><td colspan="2">潍坊市青年路</td><td>汇入地点</td><td colspan="10">潍坊市文化路 126 号</td></tr>
<tr><td colspan="2">汇出行名称</td><td colspan="2">中国银行潍坊市青年路支行</td><td colspan="2">汇入行名称</td><td colspan="10">中行文化路支行</td></tr>
<tr><td rowspan="2" colspan="2">金额</td><td rowspan="2" colspan="4">人民币（大写）壹仟元整</td><td>千</td><td>百</td><td>十</td><td>万</td><td>千</td><td>百</td><td>十</td><td>元</td><td>角</td><td>分</td></tr>
<tr><td></td><td></td><td></td><td>¥</td><td>1</td><td>0</td><td>0</td><td>0</td><td>0</td><td>0</td></tr>
<tr><td rowspan="2" colspan="2">汇出行签章
（印章：中行潍坊青年路支行 2015.02.12 转讫）</td><td rowspan="2" colspan="2"></td><td colspan="3">支付密码</td><td colspan="9"></td></tr>
<tr><td colspan="12">附加信息及用途：
运费
复核：　　　　记账：</td></tr>
</table>

此联汇出行给汇款人的回执

凭 2-9-1

费用报销审批单

部门：采购部　　　　2015 年 02 月 13 日

经手人	张珊	事由	采购	
项目		金额	付款方式	备注
放大器		105 300.00	转账支票	
合计		105 300.00		
公司领导审批意见	财务主管	部门领导	出纳	经手人
李宇	刘岚	赵宏		张珊

凭 2-9-2

山东省增值税专用发票

发票联

国家税务局监制

№ 05432136

开票日期：2015 年 02 月 13 日

购货单位	名　　称：潍坊嘉华电子有限责任公司 纳税人识别号：370704169354239 地 址、电 话：山东省潍坊市 0536-2900027 开户行及账号：中国银行潍坊市青年路支行 0101020304				密码区	略	
货物或应税劳务名称	规格型号	单位	数量	单价	金额	税率	税额
放大器	AD822	只	50 000	1.8	90 000	17%	15 300
合计					¥ 90 000.00		¥ 15 300.00
价税合计（大写）	⊗壹拾万零伍仟叁佰元整				（小写）¥ 105 300.00		
销货单位	名　　称：远大有限责任公司 纳税人识别号：370705126958366 地 址、电 话：山东省潍坊市 0536-8500046 开户行及账号：中国农业银行仓南路支行 1146532870				备注		

第三联 发票联 购货方记账凭

收款人：　　复核：张秀贵　　开票人：张如倩　　销货单位：（章）

远大有限责任公司 370705126958366 发票专用章

凭 2-9-3

发票号码：05432136

供应单位：远大有限责任公司　　**收料单**　　收料单编号：963633

材料类别：　　2015 年 02 月 13 日　　收料仓库：材料库

编号	名称	规格	单位	数量		实际成本					备注
				应收	实收	买价 单价	买价 金额	运杂费	其他	合计	
	放大器	AD822	只	50 000	50 000	1.8	90 000.00			90 000.00	
合计							90 000.00			90 000.00	

②会计记账联

主管：赵宏　　检验员：郑一　　保管员：温暖　　会计：

凭 2-9-4

中国银行（鲁）
转账支票存根
10403720
01018005

附加信息

出票日期　　年　　月　　日

收款人:

金　额:

用　途:

单位主管　　　会计

付款期限自出票之日起十天

中国银行　转账支票（鲁）　　10403720
01018005

出票日期（大写）　　年　　月　　日　　付款行名称:

收款人:　　出票人账号:

人民币（大写）	亿	千	百	十	万	千	百	十	元	角	分

用途　　密码

上列款项请从　　行号

我账户内支付

出票人签章　　复核　　记账

凭 2-9-5

附加信息	被背书人	
		背书人签章
	年　月　日	

（粘贴单处）

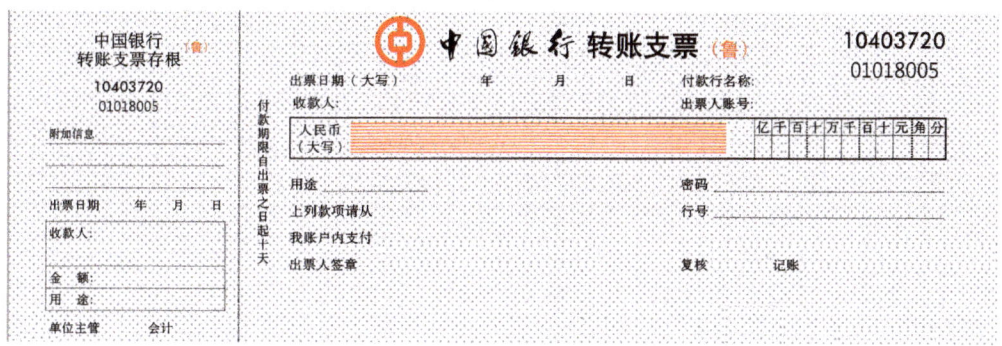

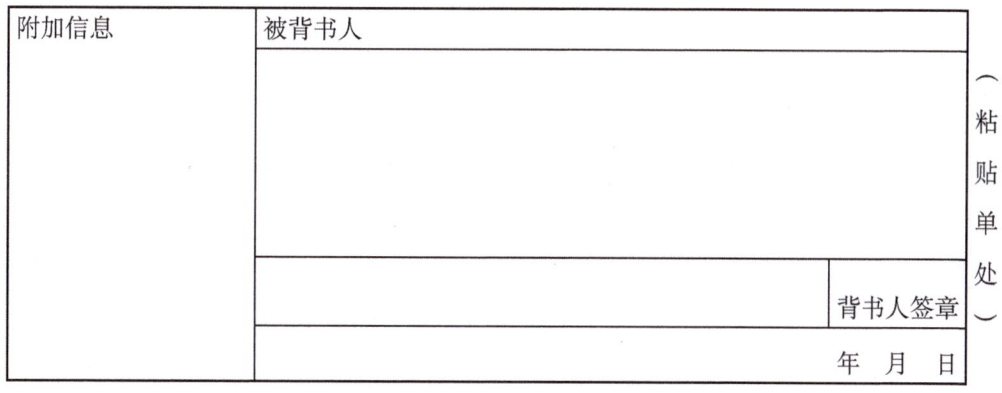

凭 2-10-1

山东省增值税专用发票

记账联

№ 00968725

开票日期：2015 年 02 月 19 日

<table>
<tr><td rowspan="4">购货单位</td><td colspan="4">名　　　称：鸿运有限责任公司
纳税人识别号：370705310043173
地 址、电 话：潍坊市文化路 126 号 0536-2267894
开户行及账号：中行文化路支行 8306613222</td><td>密码区</td><td colspan="2">略</td></tr>
<tr><td>货物或应税劳务名称</td><td>规格型号</td><td>单位</td><td>数量</td><td>单价</td><td>金额</td><td>税率</td><td>税额</td></tr>
<tr><td>传感器</td><td>SN62</td><td>只</td><td>30 000</td><td>9</td><td>270 000</td><td>17%</td><td>45 900</td></tr>
<tr><td>合　计</td><td></td><td></td><td></td><td></td><td>¥ 270 000.00</td><td></td><td>¥ 45 900.00</td></tr>
<tr><td colspan="2">价税合计（大写）</td><td colspan="7">⊗叁拾壹万伍仟玖佰元整　　（小写）¥ 315 900.00</td></tr>
<tr><td>销货单位</td><td colspan="4">名　　　称：潍坊嘉华电子有限责任公司
纳税人识别号：370704169354239
地 址、电 话：山东省潍坊市 0536-2900027
开户行及账号：中行潍坊青年路支行 0101020304</td><td>备注</td><td colspan="3"></td></tr>
</table>

第一联：记账联　销货方记账凭证

收款人：　　复核：刘岚　　开票人：张山　　销货单位（盖章）：

凭 2-10-2

产 品 出 库 单

购货单位：鸿运有限责任公司　　2015 年 02 月 19 日　　编号：276814

商品名称及规格	单位	数量
传感器	只	30 000

会计主管：刘岚　　保管员：严谨　　记账：吴琳　　制单：李娜

凭 2-11-1

中国银行 进 账 单（收账通知）

№ 30018923

2015 年 02 月 20 日

出票人	全　称	共达有限责任公司	收款人	全　称	潍坊嘉华电子有限责任公司
	账　号	8306613666		账　号	0101020304
	开户银行	中行文化路支行		开户银行	中国银行潍坊市青年路支行

人民币（大写）	⊗伍拾壹万元整	千	百	十	万	千	百	十	元	角	分
			¥	5	1	0	0	0	0	0	0

票据种类	转账支票	票据张数	1	收款单位开户行盖章
票据号码				
复核　　记账				

中行文化路支行
2015.02.20
收讫

此联是收款人开户银行给收款人的收账通知

凭 2-12-1

中国银行（鲁）
转账支票存根
10403720
01018006
附加信息
出票日期　年　月　日
收款人：
金　额：
用　途：
单位主管　会计

中国银行 转账支票（鲁）　10403720 01018006

付款期限自出票之日起十天

出票日期（大写）　年　月　日　付款行名称：
收款人：　出票人账号：

人民币（大写）	亿	千	百	十	万	千	百	十	元	角	分

用途　密码
上列款项请从　行号
我账户内支付
出票人签章　复核　记账

凭 2-12-2

附加信息	被背书人	
		背书人签章
		年 月 日

（粘贴单处）

凭 2-12-3

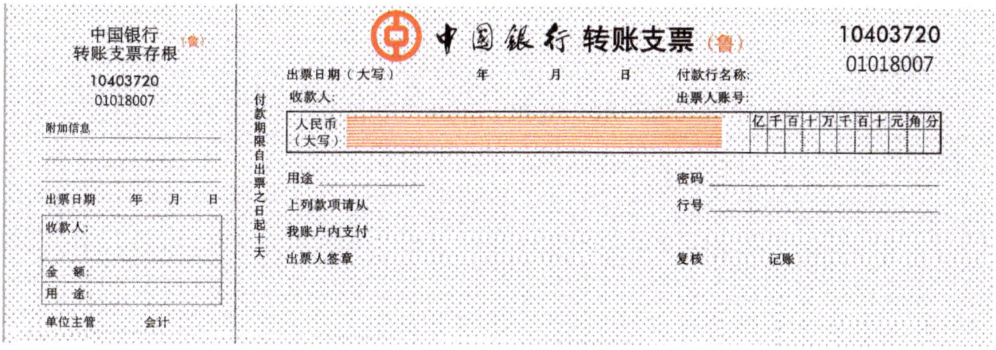
中国银行 (鲁)
转账支票存根
10403720
01018007
附加信息
出票日期 年 月 日
收款人:
金 额:
用 途:
单位主管 会计

中国银行 转账支票 (鲁) 10403720 01018007
付款期限自出票之日起十天
出票日期（大写） 年 月 日 付款行名称:
收款人: 出票人账号:
人民币（大写）

亿	千	百	十	万	千	百	十	元	角	分

用途 密码
上列款项请从 行号
我账户内支付
出票人签章 复核 记账

凭 2-12-4

附加信息	被背书人	
		背书人签章
		年 月 日

（粘贴单处）

凭 2–13–1

山东省增值税专用发票

记账联

№ 00968726

开票日期：2015 年 02 月 20 日

购货单位	名　　称：顺达机电公司 纳税人识别号：370705654897342 地 址、电 话：山东省潍坊市 0536-2602034 开户行及账号：中国银行潍坊市青年路支行 0302443578				密码区	略	
货物或应税劳务名称	规格型号	单位	数量	单价	金额	税率	税额
传声器		只	30 000	7	210 000.00	17%	35 700.00
合　计					¥210 000.00		¥35 700.00
价税合计（大写）	⊗贰拾肆万伍仟柒佰元整				（小写）¥245 700.00		
销货单位	名　　称：潍坊嘉华电子有限责任公司 纳税人识别号：370704169354239 地 址、电 话：山东省潍坊市 0536-2900027 开户行及账号：中行潍坊支行 0101020304			备注			

第一联：记账联　销货方记账凭证

收款人：　　复核：刘岚　　开票人：张山　　销货单位（盖章）：

凭 2–13–2

中国银行委托收款凭证（受理回单）1

委邮　　委托日期 2015 年 02 月 20 日　　委托号码 570

付款人	全　称	顺达机电公司	收款人	全　称	潍坊嘉华电子有限责任公司
	账　号	0302443578		账　号	0101020304
	开户银行	中国银行潍坊市青年路支行		开户银行	中国银行潍坊市青年路支行

委托金额	人民币（大写）	贰拾肆万伍仟柒佰元整	千	百	十	万	千	百	十	元	角	分
				¥	2	4	5	7	0	0	0	0

款项内容	货款	委托收款凭据名称	销售合同	附单证张数	1
备注：	收款单位开户行盖章 2015 年 02 月 20 日				

此联是回单

中行潍坊青年路支行
2015.02.20
受理

凭 2-13-3

产品出库单

购货单位：顺达机电公司　　2015 年 02 月 20 日　　编号：276815

商品名称及规格	单位	数量
传声器	只	30 000

会计主管：刘岚　　保管员：严谨　　记账：吴琳　　制单：李娜

凭 2-14-1

山东省增值税专用发票

发票联

№ 09682145

开票日期：2015 年 02 月 21 日

购货单位	名称：潍坊嘉华电子有限责任公司 纳税人识别号：370704169354239 地址、电话：山东省潍坊市 0536-2900027 开户银行及账号：中行潍坊市青年路支行 0101020304				密码区	略		
货物或应税劳务名称	规格型号	单位	数量	单价		金额	税率	税额
电		度				2 300.00	17%	391.00
合　计						¥2 300.00		¥391.00
价税合计（大写）	⊗贰仟陆佰玖拾壹元整　　（小写）¥2 691.00							
销货单位	名称：潍坊市供电公司 纳税人识别号：370702296543256 地址、电话：山东省潍坊市 0536-88697342 开户行及账号：交通银行和平路支行 62254562578				备注	潍坊市供电公司 370702296543256 发票专用章		

第三联：发票联

收款人：　　复核：孙磊　　开票人：刘霞　　销货单位（盖章）：

凭 2-14-2

中国银行委托收款凭证（付款通知）

委托号码 256

委邮　　委托日期 2015 年 02 月 21 日　　付款日期 2015 年 02 月 21 日

<table>
<tr><td rowspan="3">付款人</td><td>全　称</td><td colspan="3">潍坊嘉华电子有限责任公司</td><td rowspan="3">收款人</td><td>全　称</td><td colspan="10">潍坊市供电公司</td></tr>
<tr><td>账　号</td><td colspan="3">0101020304</td><td>账　号</td><td colspan="10">62254562578</td></tr>
<tr><td>开户银行</td><td colspan="3">中国银行潍坊市青年路支行</td><td>开户银行</td><td colspan="10">交通银行和平路支行</td></tr>
<tr><td rowspan="2">委托金额</td><td rowspan="2">人民币（大写）</td><td colspan="5" rowspan="2">贰仟陆佰玖拾壹元整</td><td>千</td><td>百</td><td>十</td><td>万</td><td>千</td><td>百</td><td>十</td><td>元</td><td>角</td><td>分</td></tr>
<tr><td></td><td></td><td></td><td>¥</td><td>2</td><td>6</td><td>9</td><td>1</td><td>0</td><td>0</td></tr>
<tr><td>款项内容</td><td>电费</td><td>委托收款凭据名称</td><td>增值税发票</td><td colspan="2">附寄单证张数</td><td colspan="11">1</td></tr>
<tr><td colspan="2">备注：</td><td colspan="15">付款人注意：
1. 应于见票当日通知开户银行划款
2. 如需拒付，应在规定期限内，将拒付理由书并附债务证明退交开户银行
中行潍坊青年路支行
2015.02.21
转讫</td></tr>
</table>

此联付款人开户银行给付款人按期付款通知

单位主管　会计　复核　记账　付款人开户行银行盖章

凭 2-14-3

电费分割单

2015 年 02 月 21 日

使用部门	实用电量	单价	电费（元）
生产车间	2 000	1.00	2 000.00
管理部门	200	1.00	200.00
销售部门	100	1.00	100.00
合计	—	—	2 300.00

会计主管：刘岚　　审核：　　制单：李洁

凭 2–15–1

山东省增值税专用发票

发票联 国家税务局监制

№ 09687160

开票日期：2015 年 02 月 22 日

购货单位	名　　称：潍坊嘉华电子有限责任公司 纳税人识别号：370704169354239 地 址、电 话：山东省潍坊市 0536-2900027 开户行及账号：中行潍坊市青年路支行 0101020304			密码区	略		
货物或应税劳务名称	规格型号	单位	数量	单价	金额	税率	税额
水		立方			500.00	17%	85.00
合　计					¥500.00		¥85.00
价税合计（大写）	⊗伍佰捌拾伍元整				（小写）¥585.00		
销货单位	名　　称：潍坊市自来水公司 纳税人识别号：37070296543232 地 址、电 话：山东省潍坊市 0536-88693472 开户行及账号：交通银行和平路支行 62254562634			备注	潍坊市自来水公司 发票专用章		

第三联：发票联

收款人：　　复核：肖云　　开票人：李静　　销货单位（盖章）：

凭 2–15–2

中国银行委托收款凭证（付款通知）

委托号码 262

委邮　　委托日期 2015 年 02 月 22 日　　付款日期 2015 年 02 月 22 日

付款人	全　　称	潍坊嘉华电子有限责任公司	收款人	全　　称	潍坊市自来水公司
	账　　号	0101020304		账　　号	62254562634
	开户银行	中国银行潍坊市青年路支行		开户银行	交通银行和平路支行

委托金额	人民币（大写）	伍佰捌拾伍元整	千	百	十	万	千	百	十	元	角	分
							¥	5	8	5	0	0

款项内容	电费	委托收款凭据名称	增值税发票	附寄单证张数	1

备注：	付款人注意： 1. 应于见票当日通知开户银行划款 2. 如需拒付，应在规定期限内，将拒付理由书并附债务证明退交开户银行 中行潍坊青年路支行 2015.02.22 转讫

此联付款人开户银行给付款人按期付款通知

单位主管　　会计　　复核　　记账　　付款人开户行银行盖章

凭 2–15–3

水费分割单

2015 年 02 月 21 日

使用部门	实用水量	单价	水费（元）
生产车间	60	5.00	300.00
管理部门	20	5.00	100.00
销售部门	20	5.00	100.00
合计	—	—	500.00

会计主管：刘岚　　审核：　　制单：李洁

凭 2–16–1

领 料 单

领料单位：生产车间　　编号：625140

用　　途：生产传声器　　2015 年 02 月 23 日　　仓库：材料库

材料编号	材料名称及规格	计量单位	数量		成本		
			请领	实领	数量	单位成本	金额
	线圈	只	33 000	33 000			
	放大器	只	33 000	33 000			
	场效应管	只	33 000	33 000			
	塑壳	只	33 000	33 000			

领料单位负责人：贺红　　领料人：范娟　　发料人：赵莉　　制单：

凭 2–16–2

领 料 单

领料单位：生产车间　　编号：625141

用　　途：生产传感器　　2015 年 02 月 23 日　　仓库：材料库

材料编号	材料名称及规格	计量单位	数量		成本		
			请领	实领	数量	单位成本	金额
	线圈	只	33 000	33 000			
	放大器	只	33 000	33 000			
	场效应管	只	33 000	33 000			
	塑壳	只	33 000	33 000			

领料单位负责人：贺红　　领料人：范娟　　发料人：赵莉　　制单：

凭 2–17–1

工资费用分配汇总表

2015 年 02 月 28 日

单位：元

车间及部门		应付职工薪酬	
		生产工时（小时）	分配额
生产车间	传感器工人	1 400	
	传声器工人	600	
	小计	2 000	79 564.26
	车间管理人员	—	10 300.00
管理部门		—	36 918.00
销售部门		—	23 746.00
合计		—	150 528.26

会计主管：　　　　审核：　　　　制单：

凭 2–17–2

代扣款项结转表

年　月　日

单位：元

部门 \ 项目		工资总额	医疗保险（2%）	养老保险（8%）	失业保险（0.5%）	合计	住房公积金（10%）
生产车间	传感器工人						
	传声器工人						
	车间管理人员						
管理部门							
销售部门							
合计							

会计主管：　　　　审核：　　　　制单：

凭 2-18-1

五险一金计算分配表

年 月 日

单位：元

部门＼项目		工资总额	养老保险（18%）	医疗保险（7%）	失业保险（1%）	工伤保险（0.8%）	生育保险（1%）	合计	住房公积金（10%）
生产车间	传感器工人								
	传声器工人								
	车间管理人员								
管理部门									
销售部门									
合计									

会计主管： 审核： 制单：

凭 2-19-1

职工福利费计提表

年 月 日

单位：元

部门＼项目		工资总额	职工福利费（14%）
生产车间	传感器工人		
	传声器工人		
	车间管理人员		
管理部门			
销售部门			
合计			

会计主管： 审核： 制单：

凭 2-20-1

各项经费计算分配表

年　月　日

单位：元

部门＼项目		工资总额	工会经费（2%）	职工教育经费（1.5%）	合计
生产车间	传感器工人				
	传声器工人				
	车间管理人员				
管理部门					
销售部门					
合计					

会计主管：　　　　审核：　　　　制单：

凭 2-21-1

固定资产折旧计算表

年　月　日

单位：元

使用部门	项目	原值	预计净残值率	可使用年限	折旧方法	月折旧额
生产车间						
管理部门						
销售部门						
总计						

会计主管：　　　　审核：　　　　制单：

凭 2–22–1

无形资产摊销表

年　月　日

单位：元

项目	计算基数	摊销期	月摊销额
专利权			
合计			

会计主管：　　　　审核：　　　　制单：

凭 2–23–1

本月应付利息计算表

付息单位：潍坊嘉华电子有限责任公司　　　　截止日期 2015 年 02 月 28 日

序号	起讫期	借款种类	计息基数	月利率	应付利息（元）
1		短期借款	200 000.00	6.5‰	1 300.00
合计			—	—	1 300.00

会计主管：　　　　审核：　　　　制单：

凭 2–24–1

制造费用分配表

年　月　日

单位：元

产品名称	生产工时（小时）	分配金额
传感器	8 400	
传声器	3 600	
合计	12 000	

会计主管：　　　　审核：　　　　制单：

凭 2–25–1

完工产品成本计算表

年　月　日

产品名称	本月完工产量（件）	项目	直接材料	直接人工	制造费用	合计
传感器	33 000	期初在产品成本				
		本月生产成本				
		合计				
传声器	33 000	期初在产品成本				
		本月生产成本				
		合计				

会计主管：　　　　审核：　　　　制单：

凭 2-25-2

产成品入库单

年 月 日

入库部门：生产车间　　单位：元

类别	编号	名称及规格	计量单位	实收数量	单位成本	总成本
		传感器	件	50 000		
		传声器	件	50 000		
合 计			—	—	—	

制表：　　保管：　　检验：

注：一式三联，一联产成品库存单，一联交基本生产车间，一联交财务部。

凭 2-26-1

销售产品成本计算表

年 月 日

单位：元

产品名称	期初结存		本期完工入库		加权平均单价	本期销售成本		期末结存	
	数量	总成本	数量	总成本		数量	总成本	数量	总成本
传感器									
传声器									

会计主管：　　审核：　　制单：

凭 2-27-1

未交增值税结转表

年 月 日

单位：元

项目	栏次	金额
本期销项税额	1	
本期进项税额	2	
本期进项税额转出	3	
本期抵扣税额	4=2－3	
本期应纳税额	5=1－4	
本期留底税额	6	
转出未交增值税	7	

会计主管：　　审核：　　制单：

凭 2-28-1

本月应交城建税及教育费附加计算表

年　月　日

单位：元

税种	计税依据				税率	应纳税金额
	增值税	营业税	消费税	合计		
城市维护建设税					7%	
教育费附加					3%	
合 计						

会计主管：　　　　审核：　　　　制单：

凭 2-29-1

本月损益类账户余额表

年　月　日

单位：元

科目名称	结转前借方余额	结转前贷方余额
合计		

会计主管：　　　　审核：　　　　制单：

凭 2-30-1

本月损益类账户余额表

年　月　日

单位：元

科目名称	结转前借方余额	结转前贷方余额
合计		

会计主管：　　　　审核：　　　　制单：

凭 2–31–1

企业所得税计算表

年　月　日至　年　月　日　　　　　单位：元

项目	传声器	本月数
一、营业收入	1	
减：营业成本	2	
营业税金及附加	3	
销售费用	4	
管理费用	5	
财务费用	6	
资产减值损失	7	
加：公允价值变动收益（损失以“-”号填列）	8	
投资收益（损失以“-”号填列）	9	
其中：对联营企业和合营企业的投资收益	10	
二、营业利润（亏损以“-”号填列）	11	
加：营业外收入	12	
减：营业外支出	13	
其中：非流动资产处置损失	14	
三、利润总额（亏损总额以“-”号填列）	15	
加：纳税调整增加额	16	
减：纳税调整减少额	17	
四、应纳税所得额	18	
适用税率	19	
五、应纳所得税额	20	

会计主管：　　　　　　审核：　　　　　　制单：

表 3-9

资 产 负 债 表

会企 01

编制单位：　　　　　　　　　　年　月　日　　　　　　　　单位：元

资产	期末余额	年初余额	负债和所有者权益（或股东权益）	期末余额	年初余额
流动资产：			流动负债：		
货币资金			短期借款		
交易性金融资产			交易性金融负债		
应收票据			应付票据		
应收账款			应付账款		
预付款项			预收款项		
应收利息			应付职工薪酬		
应收股利			应交税费		
其他应收款			应付利息		
存货			应付股利		
一年内到期的非流动资产			其他应付款		
其他流动资产			一年内到期的非流动负债		
流动资产合计			其他流动负债		
非流动资产：			流动负债合计		
可供出售金融资产			非流动负债：		
持有至到期投资			长期借款		
长期应收款			应付债券		
长期股权投资			长期应付款		
投资性房地产			专项应付款		
固定资产			预计负债		
在建工程			递延所得税负债		
工程物资			其他非流动负债		
固定资产清理			非流动负债合计		
生产性生物资产			负债合计		
油气资产			所有者权益（或股东权益）：		
无形资产			实收资本（或股本）		
开发支出			资本公积		
商誉			减：库存股		
长期待摊费用			盈余公积		
递延所得税资产			未分配利润		
其他非流动资产			所有者权益（或股东权益）合计		
非流动资产合计					
资产总计			负债和所有者权益（或股东权益）总计		

表 3–10

利 润 表

会企 02 表

编制单位： 年度 单位：元

项目	本期金额	上期金额
一、营业收入		
减：营业成本		
营业税金及附加		
销售费用		
管理费用		
财务费用		
资产减值损失		
加：公允价值变动收益（损失以“-”号填列）		
投资收益（损失以“-”号填列）		
其中：对联营企业和合营企业的投资收益		
二、营业利润（亏损以“-”号填列）		
加：营业外收入		
减：营业外支出		
其中：非流动资产处置损失		
三、利润总额（亏损总额以“-”号填列）		
减：所得税费用		
四、净利润（净亏损以“-”号填列）		
五、每股收益		
（一）基本每股收益		
（二）稀释每股收益		
六、综合收益		
（一）其他综合收益		
（二）综合收益总额		

（三）3 月发生业务的原始凭证

凭 3-1-1

山东省增值税专用发票

发票联

No 5432131

开票日期：2015 年 03 月 01 日

购货单位	名　　称：潍坊嘉华电子有限责任公司 纳税人识别号：370704169354239 地 址、电 话：山东省潍坊市 0536-2900027 开户银行及账号：中国银行潍坊市青年路支行 0101020304	密码区	略

货物或应税劳务名称	规格型号	单位	数量	单价	金额	税率	税额
塑壳	SC408	只	100 000	0.11	11 000.00	17%	1 870.00
放大器	AD822	只	100 000	1.60	160 000.00	17%	27 200.00
合计					¥171 000.00		¥29 070.00
价税合计（大写）	⊗贰拾万零柒拾元整				（小写）¥200 070.00		

销货单位	名　　称：海星机电有限责任公司 纳税人识别号：37070513425656 地 址、电 话：山东省潍坊市 0536-2700012 开户行及账号：中国工商银行文化路支行 108800856	备注	海星机电有限责任公司 37070513425656 发票专用章

收款人：　　复核：张秀贵　　开票人：张如倩　　销货单位：（章）

第三联　发票联　购货方记账凭证

凭 3-1-2

发票号码：5432132

供应单位：海星机电有限责任公司　　**收 料 单**　　收料单编号：963634

材料类别：　　2015 年 03 月 01 日　　收料仓库：材料库

编号	名称	规格	单位	数量		实际成本				备注
				应收	实收	买价		其他	合计	
						单价	金额			
	塑壳	SC408	只	100 000	100 000	0.11	11 000.00		11 000.00	
	放大器	AD822	只	100 000	100 000	1.60	160 000.00		160 000.00	
合计							171 000.00		171 000.00	

②会计记账联

主管：赵宏　　检验员：郑一　　保管员：温暖　　会计：

凭 3–2–1

山东省增值税专用发票

记账联

开票日期：2015 年 03 月 01 日　　　　№ 00968727

购货单位	名　　称：鸿运有限责任公司 纳税人识别号：370705310043173 地址　电话：潍坊市文化路 126 号 0536-2267894 开户行及账号：中行文化路支行 8306613222	密码区	略

货物或应税劳务名称	规格型号	单位	数量	单价	金额	税率	税额
传声器	件	40 000	10		400 000.00	17%	68 000.00
合计					¥400 000.00		¥68 000.00
价税合计（大写）	⊗肆拾陆万捌仟元整				（小写）¥468 000.00		

销货单位	名　　称：潍坊嘉华电子有限责任公司 纳税人识别号：370704169354239 地 址、电 话：山东省潍坊市 0536-2900027 开户银行及账号：中国银行潍坊市青年路支行 0101020304	备注	潍坊嘉华电子有限责任公司 370704169354239 发票专用章

收款人：　　复核：刘岚　　开票人：张山　　销货单位：

第一联　记账联

凭 3–2–2

产品出库单

购货单位：鸿运有限责任公司　2015 年 03 月 01 日　　　　编号：276816

商品名称及规格	单位	数量
传声器	只	40 000

会计主管：刘岚　　保管员：严谨　　记账：吴琳　　制单：李娜

凭 3-2-3

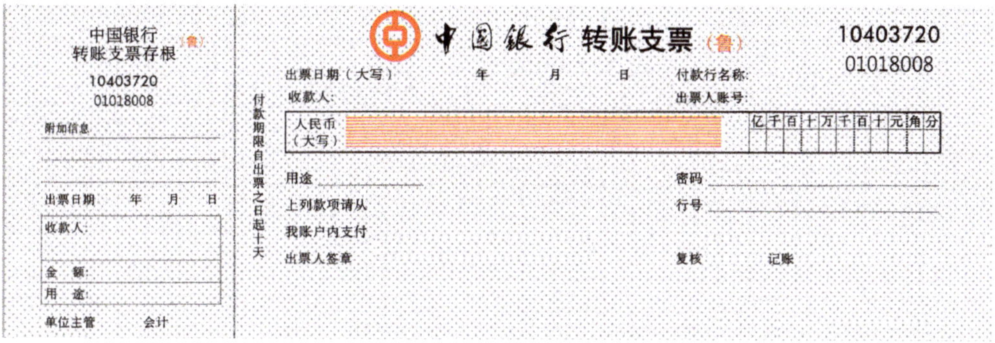
中国银行
转账支票存根（鲁）
10403720
01018008
附加信息
出票日期　年　月　日
收款人：
金　额：
用　途：
单位主管　会计

付款期限自出票之日起十天

中国银行 转账支票（鲁）
10403720
01018008
出票日期（大写）　年　月　日
付款行名称：
收款人：
出票人账号：
人民币（大写）
亿 千 百 十 万 千 百 十 元 角 分
用途
密码
上列款项请从
我账户内支付
行号
出票人签章
复核　记账

凭 3-2-4

附加信息	被背书人	
		背书人签章
		年　月　日

（粘贴单处）

凭 3-2-5

中国银行 进 账 单（收账通知）

№ 30018943

2015 年 03 月 01 日

出票人	全　称	鸿运有限责任公司	收款人	全　称	潍坊嘉华电子有限责任公司									
	账　号	8306613222		账　号	0101020304									
	开户银行	中行文化路支行		开户银行	中国银行潍坊市青年路支行									
人民币（大写）	肆拾陆万捌仟元整				千	百	十	万	千	百	十	元	角	分
						¥	4	6	8	0	0	0	0	0
票据种类	转账支票	票据张数	1	收款单位开户行盖章 中行文化路支行 2015.03.01 收 讫										
票据号码														
复核　记账														

此联是收款人开户银行给收款人的收账通知

凭 3-3-1

中国银行 电汇凭证（回单）

□普通 □加急　　委托日期：2015 年 03 月 03 日

汇款人	全　称	潍坊嘉华电子有限责任公司	收款人	全　称	中国移动通信集团公司									
	账　号	0101020304		账　号	8305732111									
	汇出地点	潍坊市青年路		汇入地点	潍坊市新华路 234 号									
汇出行名称	中行潍坊青年路支行		汇入行名称	中行新华路支行										
金额	人民币（大写）贰仟伍佰元整				千	百	十	万	千	百	十	元	角	分
								¥	2	5	0	0	0	0
汇出行签章 中行潍坊青年路支行 2015.03.03 转 讫			支付密码											
			附加信息及用途： 电话费 复核：　记账：											

此联汇出行给汇款人的回执

凭 3-4-1

职工租赁费计提表

年　月　日

部门	房屋租赁费	合计
合计		

凭 3-5-1

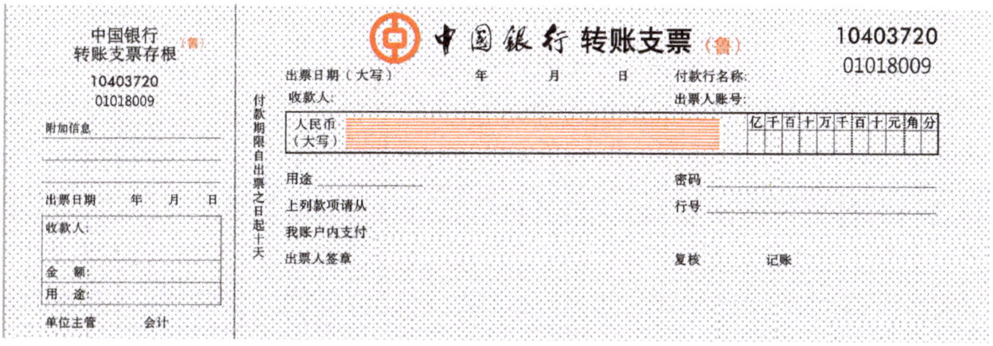

中国银行
转账支票存根 (鲁)
10403720
01018009
附加信息
出票日期　年　月　日
收款人:
金　额:
用　途:
单位主管　会计

中国银行 转账支票 (鲁)　10403720　01018009
付款期限自出票之日起十天
出票日期（大写）　年　月　日　付款行名称:
收款人:　出票人账号:
人民币（大写）　亿 千 百 十 万 千 百 十 元 角 分
用途　密码
上列款项请从　行号
我账户内支付
出票人签章　复核　记账

凭 3-5-2

附加信息	被背书人	
		背书人签章
	年　月　日	

（粘贴单处）

凭 3–6–1

山东省增值税专用发票

记账联

№ 00968728

开票日期：2015 年 03 月 07 日

购货单位	名　　称：春明机电有限公司 纳税人识别号：370123735628953 地 址、电 话：山东省济南市 0531-85700054 开户行及账号：华夏银行历下支行 20003798436				密码区	略	
货物或应税劳务名称	规格型号	单位	数量	单价	金额	税率	税额
传声器		只	50 000	7.00	350 000.00	17%	59 500.00
合计					￥350 000.00		￥59 500.00
价税合计（大写）	⊗肆拾万玖仟伍佰元整				（小写）￥409 500.00		
销货单位	名　　称：潍坊嘉华电子有限责任公司 纳税人识别号：370704169354239 地 址、电 话：山东省潍坊市 0536-2900027 开户银行及账号：中国银行潍坊市青年路支行 0101020304				备注		

第一联 记账联

收款人：　　复核：刘岚　　开票人：张山　　销货单位：

凭 3–6–2

产品出库单

购货单位：春明机电有限公司　　2015 年 03 月 07 日　　编号：276817

商品名称及规格	单位	数量
传声器	只	50 000

会计主管：刘岚　　保管员：严谨　　记账：吴琳　　制单：李娜

凭 3-6-3

中国银行委托收款凭证（受理回单）1

委邮　　　　委托日期 2015 年 03 月 07 日　　　　委托号码 567

<table>
<tr><td rowspan="3">付款人</td><td>全　　称</td><td colspan="4">春明机电有限公司</td><td rowspan="3">收款人</td><td>全　　称</td><td colspan="10">潍坊嘉华电子有限责任公司</td></tr>
<tr><td>账　　号</td><td colspan="4">20003798436</td><td>账　　号</td><td colspan="10">0101020304</td></tr>
<tr><td>开户银行</td><td colspan="4">华夏银行历下支行</td><td>开户银行</td><td colspan="10">中国银行潍坊市青年路支行</td></tr>
<tr><td rowspan="2">委托金额</td><td rowspan="2">人民币（大写）</td><td colspan="6" rowspan="2">肆拾万玖仟伍佰元整</td><td>千</td><td>百</td><td>十</td><td>万</td><td>千</td><td>百</td><td>十</td><td>元</td><td>角</td><td>分</td></tr>
<tr><td></td><td>¥</td><td>4</td><td>0</td><td>9</td><td>5</td><td>0</td><td>0</td><td>0</td><td>0</td></tr>
<tr><td>款项内容</td><td colspan="2">货款</td><td>委托收款凭据名称</td><td>销售合同</td><td colspan="2">附单证张数</td><td colspan="11">1</td></tr>
<tr><td colspan="3">备注：</td><td colspan="15">收款单位开户行盖章
2015 年 03 月 07 日
中行潍坊青年路支行
2015.03.07
受理</td></tr>
</table>

此联是回单

凭 3-7-1

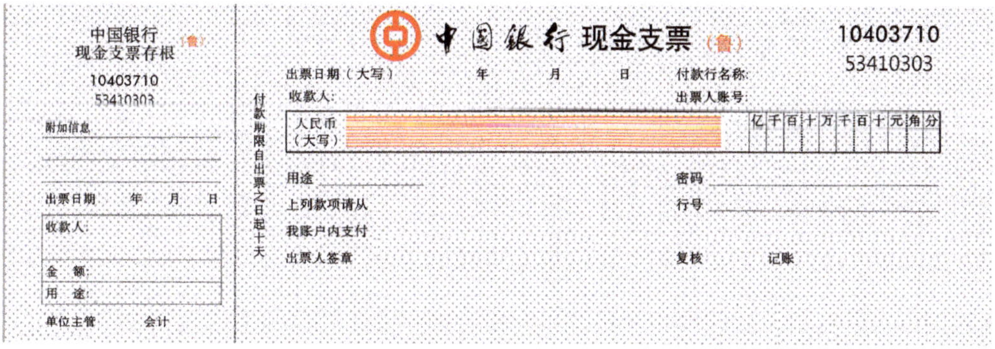

中国银行现金支票存根（鲁）
10403710
53410303
附加信息
出票日期　年　月　日
收款人：
金　额：
用　途：
单位主管　　会计

中国银行　现金支票（鲁）　10403710　53410303
付款期限自出票之日起十天
出票日期（大写）　年　月　日　付款行名称：
收款人：　出票人账号：
人民币（大写）　亿 千 百 十 万 千 百 十 元 角 分
用途　密码
上列款项请从　行号
我账户内支付
出票人签章　复核　记账

凭 3–7–2

附加信息	被背书人	
		背书人签章
	年　月　日	

（粘贴单处）

凭 3–8–1

成交过户交割单

09/03/14	齐鲁证券四平路营业部	**成交过户交割凭单**	证券买入
股东号码：	W1234567	证券名称：	海虹控股
股东姓名：	潍坊嘉华电子有限责任公司	成交数量：	1 000
公司代码：	41011	成交价格：	30.00
委托代码：	201501	成交金额：	30 000.00
申报时间：	150309	佣金：	
成交时间：	150309	印花税：	
		过户费：	
		委托费：	
		实付金额：	30 000.00
上次股票余额：	0	本次股票余额：	1 000
		当日资金余额：	30 000.00

凭 3-9-1

中 华 人 民 共 和 国
税收电子转账专用完税凭证　（2015）鲁国电 0955901 国

填发日期：2015 年 03 月 10 日

税务登记代码	370704169354239	征收机关	潍坊市国家税务局潍城分局
纳税人全称	潍坊嘉华电子有限责任公司	收款银行（邮局）	中国银行潍坊市青年路支行
税（费）种	税款所属时期	实缴金额	
增值税工业（17%） 城市维护建设税工业（7%） 教育费附加工业（3%）	2015.02.01 至 2015.02.28 2015.02.01 至 2015.02.28 2015.02.01 至 2015.02.28		
金额合计	（大写）		
税务机关（盖章）山东省国家税务局 征税专用章	收款银行（邮局）（盖章）中行潍坊青年路支行 2014.03.10 转讫	经手人 税库银（签章）	备注

此凭证仅作纳税人完税凭证，此外无效

电脑打印　　手写无效

凭 3-10-1

山东省增值税专用发票

记账联

№ 03687341

开票日期 2015 年 03 月 15 日

购货单位	名　　称：潍坊嘉华有限责任公司 纳税人识别号：370704169354239 地 址、电 话：山东省潍坊市 0536-2900027 开户行及账户：中国银行潍坊市青年路支行				密码区	略	
货物或应税劳务名称	规格型号	单位	数量	单价	金额	税率	税额
线圈 场效应管 合计		件 件	100 000 100 000	0.4 0.6	40 000.00 60 000.00 ¥ 100 000.00	17% 17%	6 800.00 10 200.00 ¥ 17 000.00
价税合计（大写）	⊗拾壹万柒仟元整				（小写）¥ 117 000.00		
销货单位	名　　称：新海机电有限责任公司 纳税人识别号：370705639548781 地址、电话：山东省潍坊市 0536-4600077 开户银行及账号：中国银行潍坊市幸福街支行 0102023256				备注	略	

第一联　记账联

收款人：　　复核：刘岚　　开票人：张山　　销货单位：

（印章：新海机电有限责任公司 370705639548781 发票专用章）

凭 3-10-2

发票号码：096872111

供应单位：新海机电有限责任公司　**收 料 单**　收料单编号：963635

材料类别：　　2015 年 03 月 15 日　　收料仓库：材料库

编号	名称	规格	单位	数量		实际成本					备注
				应收	实收	买价		运杂费	其他	合计	
						单价	金额				
	线圈	SO203	只	100 000	100 000	0.4	40 000.00			40 000.00	
	场效应管	TF219	只	100 000	100 000	0.6	60 000.00			60 000.00	
合计							100 000.00			100 000.00	

②会计记账联

主管：赵宏　　检验员：郑一　　保管员：温暖　　会计：

凭 3-10-3

中国银行
转账支票存根（鲁）
10403720
01018010
附加信息
出票日期　年　月　日
收款人:
金　额:
用　途:
单位主管　　会计

中国银行　转账支票（鲁）　10403720　01018010

付款期限自出票之日起十天

出票日期（大写）　年　月　日　付款行名称:
收款人:　出票人账号:

人民币（大写）	亿	千	百	十	万	千	百	十	元	角	分

用途　　密码
上列款项请从　　行号
我账户内支付
出票人签章　　复核　记账

凭 3-10-4

附加信息	被背书人
	背书人签章
	年　月　日

（粘贴单处）

凭 3-11-1

中国银行
转账支票存根（鲁）
10403720
01018011
附加信息
出票日期　年　月　日
收款人:
金　额:
用　途:
单位主管　　会计

中国银行　转账支票（鲁）　10403720　01018011

付款期限自出票之日起十天

出票日期（大写）　年　月　日　付款行名称:
收款人:　出票人账号:

人民币（大写）	亿	千	百	十	万	千	百	十	元	角	分

用途　　密码
上列款项请从　　行号
我账户内支付
出票人签章　　复核　记账

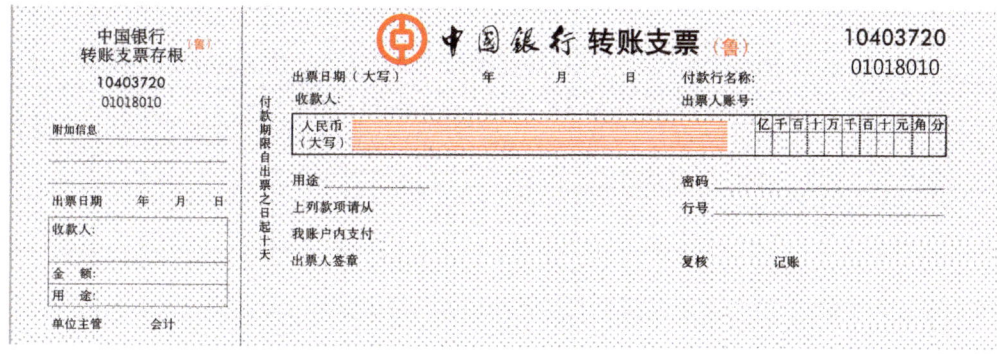

凭 3–11–2

附加信息	被背书人
	背书人签章
	年 月 日

（粘贴单处）

凭 3–11–3

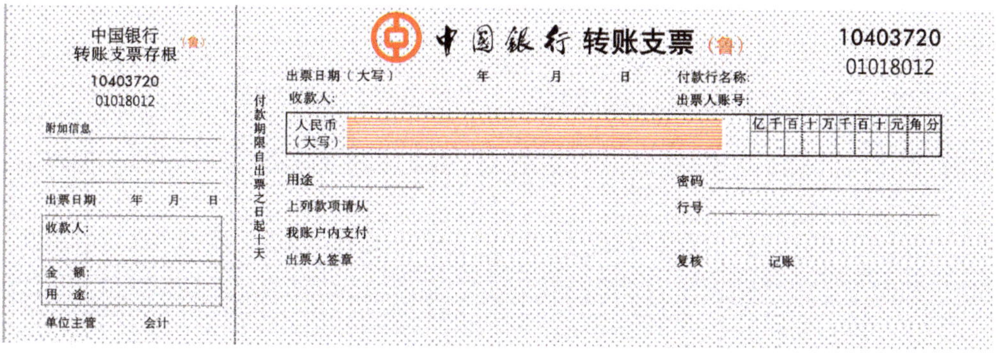
中国银行 转账支票存根 （鲁）
10403720
01018012
附加信息
出票日期 年 月 日
收款人：
金 额：
用 途：
单位主管 会计

中国银行 转账支票 （鲁） 10403720 01018012
出票日期（大写） 年 月 日 付款行名称：
收款人： 出票人账号：
付款期限自出票之日起十天
人民币（大写） 亿 千 百 十 万 千 百 十 元 角 分
用途 密码
上列款项请从 行号
我账户内支付
出票人签章 复核 记账

凭 3–11–4

附加信息	被背书人
	背书人签章
	年 月 日

（粘贴单处）

凭 3–12–1

山东省增值税专用发票

发票联

国家税务局监制

№ 096872132

开票日期：2015 年 03 月 21 日

购货单位	名　　称：潍坊嘉华电子有限责任公司 纳税人识别号：370704169354239 地 址、电 话：山东省潍坊市 0536-2900027 开户银行及账号：中行潍坊市青年路支行 0101020304			密码区	略		
货物或应税劳务名称	规格型号	单位	数量	单价	金额	税率	税额
电		度			3 312.00	17%	563.04
合　计					¥3 312.00		¥563.04
价税合计（大写）	⊗叁仟捌佰柒拾伍元零肆分				（小写）¥3 875.04		
销货单位	名　　称：潍坊市供电公司 纳税人识别号：370702296543256 地 址、电 话：山东省潍坊市 0536-88697342 开户行及账号：交通银行和平路支行 62254562578			备注	潍坊市供电公司 370702296543256 发票专用章		

收款人：　　复核：刘霞　　开票人：孙磊　　销货单位（盖章）：

第三联：发票联

凭 3–12–2

中国银行委托收款凭证（付款通知）

委托号码 531

委邮　　委托日期 2015 年 3 月 21 日　　付款日期 2014 年 3 月 21 日

付款人	全　称	潍坊嘉华电子有限责任公司		收款人	全　称	潍坊市供电公司									
	账　号	0101020304			账　号	62254562578									
	开户银行	中国银行潍坊市青年路支行			开户银行	交通银行和平路支行									
委托金额	人民币（大写）	叁仟捌佰柒拾伍元零肆分				千	百	十	万	千	百	十	元	角	分
									¥	3	8	7	5	0	4
款项内容	电费	委托收款凭据名称	增值税发票	附寄单证张数	1										
备注：	付款人注意： 1. 应于见票当日通知开户银行划款 2. 如需拒付，应在规定期限内，将拒付理由书并附债务证明退交开户银行														

中行潍坊青年路支行
2015.03.21
转讫

单位主管　　会计　　复核　　记账　　付款人开户行银行盖章

此联付款人开户银行给付款人按期付款通知

凭 3-12-3

电费分割单

2015 年 03 月 21 日

使用部门	实用电量	单价	电费（元）
生产车间	3 005	1.00	3 005.00
管理部门	203	1.00	203.00
销售部门	104	1.00	104.00
合计	—	—	3 312.00

会计主管： 审核： 制单：

凭 3-13-1

山东省增值税专用发票

发票联

№ 096872796

开票日期：2015 年 03 月 22 日

购货单位	名　　称：潍坊嘉华电子有限责任公司 纳税人识别号：370704169354239 地 址、电 话：山东省潍坊市 0536-2900027 开户行及账号：中行潍坊市青年路支行 0101020304				密码区	略	
货物或应税劳务名称	规格型号	单位	数量	单价	金额	税率	税额
水		立方			710.00	17%	120.70
合　计					¥710.00		¥120.70
价税合计（大写）	人民币捌佰叁拾元柒角整				（小写）¥830.70		
销货单位	名　　称：潍坊市自来水公司 纳税人识别号：37070296543232 地 址、电 话：山东省潍坊 0536-88693472 开户行及账号：交通银行和平路支行 62254562634				备注		

第三联：发票联

收款人： 复核：肖云 开票人：李静 销货单位（盖章）：

凭 3–13–2

中国银行委托收款凭证（付款通知）

委托号码 469

委邮　　委托日期 2015 年 03 月 22 日　　付款日期 2015 年 3 月 22 日

付款人	全　称	潍坊嘉华电子有限责任公司	收款人	全　称	潍坊市自来水公司
	账　号	0101020304		账　号	62254562634
	开户银行	中国银行潍坊市青年路支行		开户银行	交通银行和平路支行

委托金额	人民币（大写）	千	百	十	万	千	百	十	元	角	分
	捌佰叁拾元柒角整					¥	8	3	0	7	0

款项内容	电费	委托收款凭据名称	增值税发票	附寄单证张数	1

备注：	付款人注意： 1. 应于见票当日通知开户银行划款 2. 如需拒付，应在规定期限内，将拒付理由书并附债务证明退交开户银行 （中行潍坊青年路支行 2015.03.22 转讫）

单位主管　　会计　　复核　　记账　　付款人开户行银行盖章

此联付款人开户银行给付款人按期付款通知

凭 3–13–3

水费分割单

2015 年 03 月 22 日

使用部门	实用水量	单价	电费（元）
生产车间	102	5.00	510.00
管理部门	19	5.00	95.00
销售部门	21	5.00	105.00
合计	—	—	710.00

会计主管：　　审核：　　制单：

凭 3–14–1

领料单位：生产车间　　**领　料　单**　　编号：625142

用　　途：生产传声器　　2015 年 03 月 23 日　　仓库：材料库

材料编号	材料名称及规格	计量单位	数量		成本		
			请领	实领	数量	单位成本	金额
	线圈	只	50 000	50 000			
	放大器	只	50 000	50 000			
	场效应管	只	50 000	50 000			
	塑壳	只	50 000	50 000			

领料单位负责人：贺红　　领料人：范娟　　发料人：赵莉　　制单：

凭 3–14–2

领料单位：生产车间　　**领　料　单**　　编号：625143

用　　途：生产传感器　　2015 年 03 月 23 日　　仓库：材料库

材料编号	材料名称及规格	计量单位	数量		成本		
			请领	实领	数量	单位成本	金额
	线圈	只	50 000	50 000			
	放大器	只	50 000	50 000			
	场效应管	只	50 000	50 000			
	塑壳	只	50 000	50 000			

领料单位负责人：贺红　　领料人：范娟　　发料人：赵莉　　制单：

凭 3–15–1

工资费用分配汇总表

2015 年 03 月 31 日

单位：元

车间及部门		应付职工薪酬	
		生产工时（小时）	分配额
生产车间	传感器	14 000	
	传声器	6 000	
	小计	20 000	132 607.10
	车间管理人员	—	10 300.00
管理部门		—	36 918.00
销售部门		—	23 746.00
合计		—	203 571.10

会计主管：　　审核：　　制单：

凭 3–15–2

代扣款项结转表

年　月　日

单位：元

部门＼项目		工资总额	医疗保险（2%）	养老保险（8%）	失业保险（0.5%）	合计	住房公积金（10%）
生产车间	传感器工人						
	传声器工人						
	车间管理人员						
管理部门							
销售部门							
合计							

会计主管：　　　　　　　　审核：　　　　　　　　制单：

凭 3–16–1

五险一金计算分配表

年　月　日

单位：元

部门＼项目		工资总额	养老保险（18%）	医疗保险（7%）	失业保险（1%）	工伤保险（0.8%）	生育保险（1%）	合计	住房公积金（10%）
生产车间	传感器工人								
	传声器工人								
	车间管理人员								
管理部门									
销售部门									
合计									

会计主管：　　　　　　　　审核：　　　　　　　　制单：

凭 3-17-1

职工福利费计提表

年 月 日

单位：元

部门 \ 项目		工资总额	职工福利费（14%）
生产车间	传感器工人		
	传声器工人		
	车间管理人员		
管理部门			
销售部门			
合计			

会计主管： 审核： 制单：

凭 3-18-1

各项经费计算分配表

年 月 日

单位：元

部门 \ 项目		工资总额	工会经费（2%）	职工教育经费（1.5%）	合计
生产车间	传感器工人				
	传声器工人				
	车间管理人员				
管理部门					
销售部门					
合计					

会计主管： 审核： 制单：

凭 3–19–1

固定资产折旧计算表

年　月　日

单位：元

使用部门	项目	原值	预计净残值率	可使用年限	折旧方法	月折旧额
生产车间						
管理部门						
销售部门						
总计						

会计主管：　　　　　　审核：　　　　　　制单：

凭 3–20–1

无形资产摊销表

年　月　日

单位：元

项目	计算基数	摊销期	月摊销额
专利权			
合计			

会计主管：　　　　　　审核：　　　　　　制单：

凭 3–21–1

本月应付利息计算表

付息单位：潍坊嘉华电子有限责任公司　　　　截止日期 2015 年 03 月 31 日

序号	起讫期	借款种类	计息基数	月利率	应付利息（元）
1		短期借款	200 000.00	6.5‰	1 300.00
合计			—	—	1 300.00

会计主管：　　　　　　审核：　　　　　　制单：

凭 3-22-1

制造费用分配表

年　月　日

单位：元

产品名称	生产工时（小时）	分配金额
传感器	14 000	
传声器	6 000	
合计	20 000	

会计主管：　　　　审核：　　　　制单：

凭 3-23-1

完工产品成本计算表

年　月　日

产品名称	本月完工产量（件）	项目	直接材料	直接人工	制造费用	合计
传感器	33 000	期初在产品成本				
		本月生产成本				
		合计				
传声器	33 000	期初在产品成本				
		本月生产成本				
		合计				

会计主管：　　　　审核：　　　　制单：

凭 3-23-2

产成品入库单

年　月　日

入库部门：生产车间　　　　单位：元

类别	编号	名称及规格	计量单位	实收数量	单位成本	总成本
		传感器	件	50 000		
		传声器	件	50 000		
合 计			—	—	—	

制表：　　　　保管：　　　　检验：

注：一式三联，一联产成品库存单，一联交基本生产车间，一联交财务部。

凭 3–24–1

销售产品成本计算表

年　月　日

单位：元

产品名称	期初结存		本期完工入库		加权平均单价	本期销售成本		期末结存	
	数量	总成本	数量	总成本		数量	总成本	数量	总成本
传感器									
传声器									

会计主管：　　　　　　　　　　　审核：　　　　　　　　　制单：

凭 3–25–1

未交增值税结转表

年　月　日

单位：元

项目	栏次	金额
本期销项税额	1	
本期进项税额	2	
本期进项税额转出	3	
本期抵扣税额	4=2－3	
本期应纳税额	5=1－4	
本期留底税额	6	
转出未交增值税	7	

会计主管：　　　　　　　　　　　审核：　　　　　　　　　制单：

凭 3–26–1

本月应交城建税及教育费附加计算表

年　月　日

单位：元

税种	计税依据				税率	应纳税金额
	增值税	营业税	消费税	合计		
城市维护建设税					7%	
教育费附加					3%	
合 计						

会计主管：　　　　　　　　　　　审核：　　　　　　　　　制单：

凭 3-27-1

本月损益类账户余额表

年　月　日

单位：元

科目名称	结转前借方余额	结转前贷方余额
合计		

会计主管：　　　　审核：　　　　制单：

凭 3-28-1

本月损益类账户余额表

年　月　日

单位：元

科目名称	结转前借方余额	结转前贷方余额
合计		

会计主管：　　　　审核：　　　　制单：

凭 3-29-1

企业所得税计算表

年　月　日至　年　月　日　　　　单位：元

项目	行数	本月数
一、营业收入	1	
减：营业成本	2	
营业税金及附加	3	
销售费用	4	
管理费用	5	
财务费用	6	
资产减值损失	7	
加：公允价值变动收益（损失以“-”号填列）	8	
投资收益（损失以“-”号填列）	9	
其中：对联营企业和合营企业的投资收益	10	
二、营业利润（亏损以“-”号填列）	11	
加：营业外收入	12	
减：营业外支出	13	
其中：非流动资产处置损失	14	
三、利润总额（亏损总额以“-”号填列）	15	
加：纳税调整增加额	16	
减：纳税调整减少额	17	
四、应纳税所得额	18	
适用税率	19	
五、应纳所得税额	20	

会计主管：　　　　审核：　　　　制单：

表 3–11

资 产 负 债 表

会企 01

编制单位： 年 月 日 单位：元

资产	期末余额	年初余额	负债和所有者权益（或股东权益）	期末余额	年初余额
流动资产：			流动负债：		
货币资金			短期借款		
交易性金融资产			交易性金融负债		
应收票据			应付票据		
应收账款			应付账款		
预付款项			预收款项		
应收利息			应付职工薪酬		
应收股利			应交税费		
其他应收款			应付利息		
存货			应付股利		
一年内到期的非流动资产			其他应付款		
其他流动资产			一年内到期的非流动负债		
流动资产合计			其他流动负债		
非流动资产：			流动负债合计		
可供出售金融资产			非流动负债：		
持有至到期投资			长期借款		
长期应收款			应付债券		
长期股权投资			长期应付款		
投资性房地产			专项应付款		
固定资产			预计负债		
在建工程			递延所得税负债		
工程物资			其他非流动负债		
固定资产清理			非流动负债合计		
生产性生物资产			负债合计		
油气资产			所有者权益（或股东权益）：		
无形资产			实收资本（或股本）		
开发支出			资本公积		
商誉			减：库存股		
长期待摊费用			盈余公积		
递延所得税资产			未分配利润		
其他非流动资产			所有者权益（或股东权益）合计		
非流动资产合计					
资产总计			负债和所有者权益（或股东权益）总计		

表 3–12

利 润 表

会企 02 表

编制单位：　　　　　　　　年度　　　　　　　　单位：元

项目	本期金额	上期金额
一、营业收入		
减：营业成本		
营业税金及附加		
销售费用		
管理费用		
财务费用		
资产减值损失		
加：公允价值变动收益（损失以“-”号填列）		
投资收益（损失以“-”号填列）		
其中：对联营企业和合营企业的投资收益		
二、营业利润（亏损以“-”号填列）		
加：营业外收入		
减：营业外支出		
其中：非流动资产处置损失		
三、利润总额（亏损总额以“-”号填列）		
减：所得税费用		
四、净利润（净亏损以“-”号填列）		
五、每股收益		
（一）基本每股收益		
（二）稀释每股收益		
六、综合收益		
（一）其他综合收益		
（二）综合收益总额		

（四）4月发生业务的原始凭证

凭 4-1-1

中国银行
转账支票存根（鲁）
10403720
01018013
附加信息
出票日期　　年　　月　　日
收款人：
金　额：
用　途：
单位主管　　　会计

付款期限自出票之日起十天

中国银行　转账支票（鲁）　10403720
01018013
出票日期（大写）　　年　　月　　日　　付款行名称：
收款人：　　出票人账号：

人民币（大写）	亿	千	百	十	万	千	百	十	元	角	分

用途　　　　密码
上列款项请从　　　　行号
我账户内支付
出票人签章　　　　复核　　　记账

凭 4-1-2

<table>
<tr><td rowspan="4">附加信息</td><td colspan="2">被背书人</td></tr>
<tr><td colspan="2"></td></tr>
<tr><td></td><td>背书人签章</td></tr>
<tr><td colspan="2">年　月　日</td></tr>
</table>

（粘贴单处）

凭 4-2-1

专用专款收据

№．963603

收款日期 2015 年 04 月 02 日

付款单位（交款人）	潍坊嘉华电子有限责任公司	收款单位（收款人）	潍坊未来广告有限公司	收款项目	广告费
人民币（大写）	贰仟元整	千 百 十 万 千 百 十 元 角 分	¥ 2 0 0 0 0 0	结算方式	现金
收款事由	广告费	经办	部门	人员	
上述款项照数收讫无误。收款单位财会专用章：（领导人签章）	会计主管 刘岚	稽核 吴丽	出纳	交款人	

潍坊未来广告有限公司 财务专用章

现金收讫

第二联 收款单位记账依据

凭 4-3-1

山东省增值税专用发票

全国统一发票监制章 山东省 国家税务局监制

发票联

№ 096872114

开票日期：2015 年 04 月 06 日

购货单位	名　　称：潍坊嘉华电子有限责任公司 纳税人识别号：370704169354239 地 址、电 话：山东省潍坊市 0536-2900027 开户银行及账号：中国银行潍坊市青年路支行 0101020304				密码区	略	
货物或应税劳务名称	规格型号	单位	数量	单价	金额	税率	税额
线圈		只	80 000	0.40	32 000	17%	5 440.00
场效应管		只	80 000	0.60	48 000	17%	8 160.00
合计					¥80 000.00		¥13 600.00
价税合计（大写）	⊗玖万叁仟陆佰元整				（小写）¥93 600.00		
销货单位	名　　称：潍坊大华有限责任公司 纳税人识别号：37070564532453 地 址、电 话：山东省潍坊市 0536-2600137 开户银行及账户：中国银行潍坊市四平路支行 0102023232				备注		

收款人：刘亮　　复核：萧雄　　开票人：王梅　　销货单位：

潍坊大华有限责任公司 37070564532453 发票专用章

第一联 记账联

凭 4-3-2

发票号码：096872114

供应单位：潍坊大华有限责任公司　　**收 料 单**　　收料单编号：963636

材料类别：　　2015 年 04 月 06 日　　收料仓库：材料库

编号	名称	规格	单位	数量		实际成本				
				应收	实收	买价		运杂费	其他	合计
						单价	金额			
	线圈		只	80 000	80 000	0.40	32 000.00			32 000.00
	场效应管		只	80 000	80 000	0.60	48 000.00			48 000.00
合计							80 000.00			80 000.00

②会计记账联

主管：赵宏　　检验员：郑一　　保管员：温暖　　会计：

凭 4-3-3

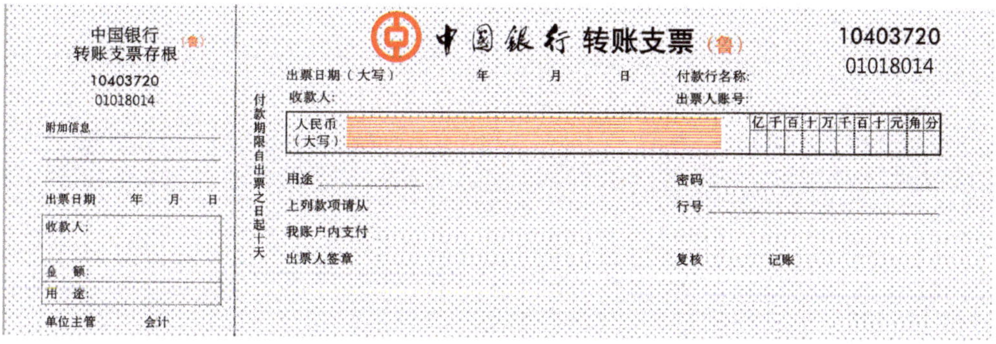
中国银行 转账支票存根 (鲁)
10403720
01018014
附加信息
出票日期　年　月　日
收款人：
金　额：
用　途：
单位主管　会计

中国银行 转账支票 (鲁)　10403720 01018014
付款期限自出票之日起十天
出票日期（大写）　年　月　日　付款行名称：
收款人：　出票人账号：
人民币（大写）　亿 千 百 十 万 千 百 十 元 角 分
用途　密码
上列款项请从　行号
我账户内支付
出票人签章　复核　记账

凭 4-3-4

附加信息	被背书人
	背书人签章
	年　月　日

（粘贴单处）

凭 4–4–1

费用报销审批单

部门：销售部　　　　　　2015 年 04 月 06 日

经手人	张珊	事由	招待费	
项目		金额	付款方式	备注
业务招待费		1 000.00 现金收讫	现金	
合计		1 000.00		
公司领导审批意见	财务主管	部门领导	出纳	经手人
李宇	刘岚	赵宏		张珊

凭 4–4–2

服务业专用发票

客户名称：潍坊嘉华电子有限责任公司　　2015 年 04 月 06 日

服务项目	单位	数量	单价	金额									
				千	百	十	万	千	百	十	元	角	分
业务招待费			1 000.00					1	0	0	0	0	0
合计金额（大写）	人民币壹仟元整							¥1 000.00					

海天宾馆 财务专用章

开票单位：海天宾馆　　　　　　开票人：张静

凭 4–5–1

中国银行
转账支票存根（鲁）
10403720
01018015

附加信息

出票日期　　年　　月　　日

收款人:

金　额:

用　途:

单位主管　　　会计

付款期限自出票之日起十天

中国银行 转账支票（鲁）　　10403720
01018015

出票日期（大写）　　年　　月　　日　　付款行名称:

收款人:　　出票人账号:

人民币（大写）	亿	千	百	十	万	千	百	十	元	角	分

用途　　　密码

上列款项请从　　　行号

我账户内支付

出票人签章　　　复核　　记账

凭 4–5–2

附加信息	被背书人
	背书人签章
	年　月　日

（粘贴单处）

凭 4–5–3

山东省行政性事业性收费收据

付款单位：潍坊嘉华电子有限责任公司　　2015 年 04 月 07 日

收费项目	单位	数量	单位收费标准	金额									
				千	百	十	万	千	百	十	元	角	分
捐款								5	0	0	0	0	0
合计金额	人民币伍仟元整						¥	5	0	0	0	0	0
开票单位	（盖章有效）	开户银行	中行东风街分理处										
		账　号	5296382652										

希望小学 财务专用章

收费单位：希望小学　　　收款人：李平

凭 4-6-1

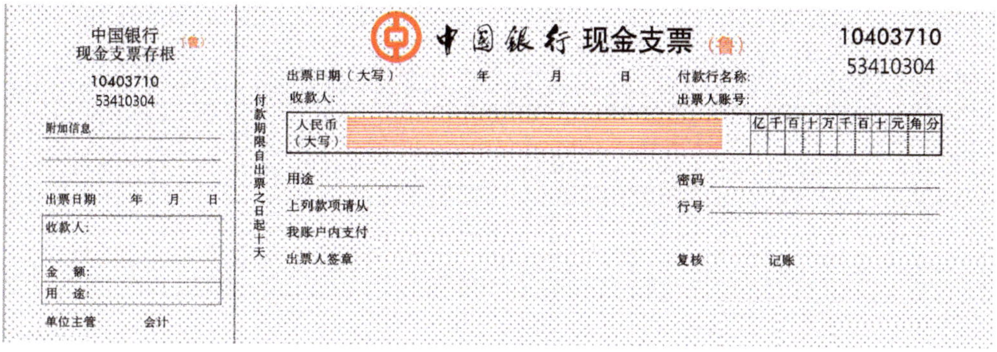
中国银行
现金支票存根
10403710
53410304
附加信息
出票日期　年　月　日
收款人：
金　额：
用　途：
单位主管　会计

中国银行 现金支票
10403710
53410304
出票日期（大写）　年　月　日　付款行名称：
收款人：　出票人账号：
付款期限自出票之日起十天
人民币（大写）
亿 千 百 十 万 千 百 十 元 角 分
用途　密码
上列款项请从　行号
我账户内支付
出票人签章　复核　记账

凭 4-6-2

附加信息	被背书人	
		背书人签章
	年　月　日	

（粘贴单处）

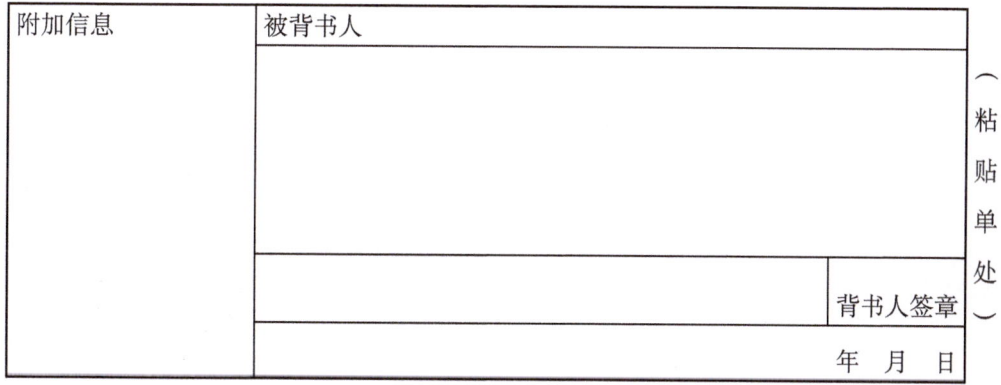

凭 4–7–1

中 华 人 民 共 和 国
税收电子转账专用完税凭证

（2015）鲁国税（第 12 号）

填发日期：2015 年 04 月 10 日

税务登记代码	370704169354239	征收机关	潍坊市国家税务局潍城分局
纳税人全称	潍坊嘉华电子有限责任公司	收款银行（邮局）	中国银行潍坊市青年路支行
税（费）种	税 款 所 属 时 期		实 缴 金 额
增值税（17%） 城市维护建设税工业（7%） 教育费附加工业（3%）	2015.03.01 至 2015.03.31 2015.03.01 至 2015.03.31 2015.03.01 至 2015.03.31		
金额合计	（大写）		
税务机关 （盖章）	备注	上列款项已收妥并划款 收款单位账户国库（银行）盖章	

电脑打印　　手写无效

凭 4–8–1

山东省增值税专用发票

发票联

№ 3296231

开票日期：2015 年 04 月 12 日

购货单位	名　　称：潍坊嘉华电子有限责任公司 纳税人识别号：370704169354239 地 址、电 话：山东省潍坊市 0536-2900027 开户行及账号：中国银行潍坊市青年路支行 0101020304			密码区	略		
货物或应税劳务名称	规格型号	单位	数量	单价	金额	税率	税额
放大器 塑壳	AD822 SC408	只 只	70 000 50 000	1.61 0.10	112 700.00 50 00.00	17% 17%	19 159.00 850.00
合计					¥ 117 700.00		¥ 20 009.00
价税合计（大写）	⊗壹拾叁万柒仟柒佰零玖元整　　（小写）¥ 137 709.00						
销货单位	名　　称：远大有限责任公司 纳税人识别号：37070512695836 地 址、电 话：山东省潍坊市 0536-8500046 开户行及账号：中国农业银行仓南路支行 1146532870			备注			

收款人：　　复核：张敏　　开票人：李佳音　　销货单位：（章）

第三联　发票联　购货方记账凭证

凭 4–8–2

发票号码：3296231

供应单位：潍坊大华有限责任公司　　**收 料 单**　　收料单编号：963637

材料类别：　　2015 年 04 月 12 日　　收料仓库：材料库

编号	名称	规格	单位	数量		实际成本				
				应收	实收	买价		运杂费	其他	合计
						单价	金额			
	放大器		只	70 000	70 000	1.61	112 700			112 700
	塑壳		只	50 00	50 000	0.1	5 000			5 000
合计							117 700			117 700

②会计记账联

主管：赵宏　　检验员：郑一　　保管员：温暖　　会计：

凭 4–8–3

中国银行
转账支票存根（鲁）
10403720
01018016
附加信息
出票日期　年　月　日
收款人：
金　额：
用　途：
单位主管　　会计

中国银行 转账支票（鲁）　10403720　01018016

付款期限自出票之日起十天

出票日期（大写）　年　月　日　　付款行名称：
收款人：　　出票人账号：

人民币（大写）	亿	千	百	十	万	千	百	十	元	角	分

用途　　密码
上列款项请从　　行号
我账户内支付
出票人签章　　复核　　记账

凭 4–8–4

附加信息	被背书人	
		背书人签章
		年　月　日

（粘贴单处）

凭 4-9-1

山东省增值税专用发票

山东省 国家税务局监制

记账联

№ 00968729

开票日期：2015 年 04 月 19 日

购货单位	名　　称：鸿运有限责任公司 纳税人识别号：370705310043173 地 址、电 话：潍坊市文化路 126 号 0536-2267894 开户行及账号：中行文化路支行 8306613222				密码区	略	
货物或应税劳务名称	规格型号	单位	数量	单价	金额	税率	税额
传感器		只	45 000	11	495 000.00	17%	84 150.00
合计					¥495 000.00		¥84 150.00
价税合计（大写）	⊗伍拾柒万玖仟壹佰伍拾元整　　（小写）¥579 150.00						
销货单位	名　　称：潍坊嘉华电子有限责任公司 纳税人识别号：370704169354239 地 址、电 话：山东省潍坊市 0536-2900027 开户行及账号：中国银行潍坊市青年路支行 0101020304				备注		

第一联　记账联

收款人：　　复核：刘岚　　开票人：张山　　销货单位：潍坊嘉华电子有限责任公司 发票专用章

凭 4-9-2

产 品 出 库 单

购货单位：鸿运有限责任公司　　2015 年 04 月 19 日　　编号：276818

商品名称及规格	单位	数量
传感器	只	45 000

会计主管：刘岚　　保管员：严谨　　记账：吴琳　　制单：李娜

凭 4-9-3

商 业 承 兑 汇 票

出票日期　贰零壹伍年零肆月壹拾玖日　　　　IV 00328611

付款人	全称	鸿运有限责任公司	收款人	全　称	潍坊嘉华电子有限责任公司
	账号	8306613222		账　号	0101020304
	开户银行	中行文化路支行		开户银行	中国银行潍坊市青年路支行

出票金额	人民币（大写）	千	百	十	万	千	百	十	元	角	分
	人民币伍拾柒万玖仟壹佰伍拾元整		¥	5	7	9	1	5	0	0	0

汇票到期日	贰零壹伍年零壹拾月壹拾玖日	交易合同号码	552
本汇票已经本单位承兑，到期日无条件支付票款。此致 收款人　　付款人盖章 （鸿运有限责任公司 财务专用章）（陈鑫印） 负责　　经办　　2015 年 04 月 19 日		汇票签发人盖章 （鸿运有限责任公司 财务专用章）（陈鑫印） 负责　　经办	

此联收款人开户行随结寄付款人结算凭证

凭 4-10-1

中国银行委托收款凭证（收账通知）1

委邮　　　　委托日期 2015 年 04 月 20 日　　　　委托号码 567

付款人	全　称	春明机电有限公司	收款人	全　称	潍坊嘉华电子有限责任公司
	账　号	20003798436		账　号	0101020304
	开户银行	华夏银行历下支行		开户银行	中国银行潍坊市青年路支行

委托金额	人民币（大写）	千	百	十	万	千	百	十	元	角	分
	肆拾万玖仟伍佰元整		¥	4	0	9	5	0	0	0	0

款项内容	货款	委托收款凭据名称	销售合同	附单证张数	1
备注：	收款单位开户行盖章 2015 年 04 月 20 日 （中行潍坊青年路支行 2015.04.20 收讫）				

此联是回单

凭 4-11-1

中国银行（鲁）
转账支票存根
10403720
01018017
附加信息

出票日期　　年　　月　　日
收款人：
金　额：
用　途：
单位主管　　　会计

中国银行　转账支票（鲁）　10403720　01018017

付款期限自出票之日起十天

出票日期（大写）　　年　　月　　日　　付款行名称：
收款人：　　出票人账号：

人民币（大写）	亿	千	百	十	万	千	百	十	元	角	分

用途　　　　密码
上列款项请从　　　　行号
我账户内支付
出票人签章　　　　复核　　　记账

凭 4-11-2

附加信息	被背书人
	背书人签章
	年　月　日

（粘贴单处）

凭 4-11-3

中国银行（鲁）
转账支票存根
10403720
01018018
附加信息

出票日期　　年　　月　　日
收款人：
金　额：
用　途：
单位主管　　　会计

中国银行　转账支票（鲁）　10403720　01018018

付款期限自出票之日起十天

出票日期（大写）　　年　　月　　日　　付款行名称：
收款人：　　出票人账号：

人民币（大写）	亿	千	百	十	万	千	百	十	元	角	分

用途　　　　密码
上列款项请从　　　　行号
我账户内支付
出票人签章　　　　复核　　　记账

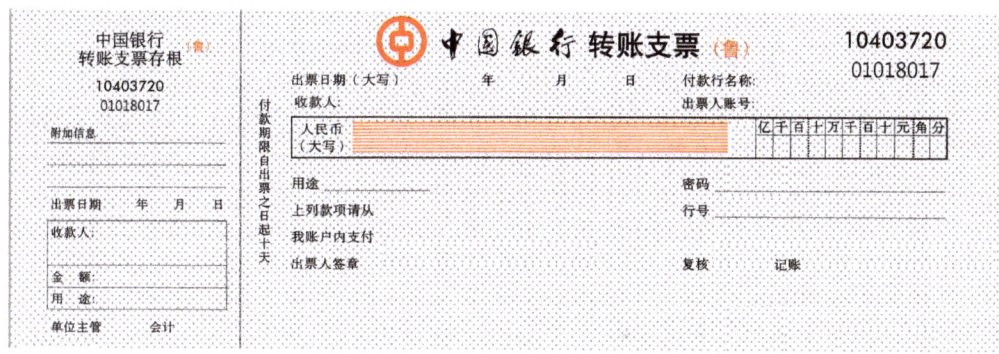

凭 4-11-4

附加信息	被背书人	
		背书人签章
	年 月 日	

（粘贴单处）

凭 4-12-1

山东省增值税专用发票

山东省
记账联
国家税务局监制

№ 00968730

开票日期：2015 年 04 月 20 日

购货单位	名　　称：顺达机电公司 纳税人识别号：370705654897342 地 址、电 话：山东省潍坊市 0536-2602034 开户行及账号：中国银行潍坊市青年路支行 0302443578	密码区	略

货物或应税劳务名称	规格型号	单位	数量	单价	金额	税率	税额
传声器		只	55 000	7.00	385 000.00	17%	65 450.00
合计					￥385 000.00		￥65 450.00
价税合计（大写）	⊗肆拾伍万肆佰伍拾元整				（小写）￥450 450.00		

销货单位	名　　称：潍坊嘉华电子有限责任公司 纳税人识别号：370704169354239 地 址、电 话：山东省潍坊市 0536-2900027 开户行及账号：中国银行潍坊市青年路支行 0101020304	备注	潍坊嘉华电子有限责任公司 370704169354239 发票专用章

收款人：　　复核：刘岚　　开票人：张山　　销货单位：

第一联 记账联

凭 4-12-2

产品出库单

购货单位：顺达机电公司　　2015 年 4 月 20 日　　编号：276819

商品名称及规格	单位	数量
传声器	只	55 000

会计主管：刘岚　　保管员：严谨　　记账：吴琳　　制单：李娜

凭 4-12-3

中国银行进账单（收账通知）

№ 30017825

2015 年 04 月 20 日

出票人	全　称	顺达机电公司	收款人	全　称	潍坊嘉华电子有限责任公司
	账　号	0302443578		账　号	0101020304
	开户银行	中国银行潍坊市青年路支行		开户银行	中国银行潍坊市青年路支行

人民币（大写）	千	百	十	万	千	百	十	元	角	分
肆拾伍万零肆佰伍拾元整		¥	4	5	0	4	5	0	0	0

票据种类	转账支票	票据张数	1	
复核　　记账				中行潍坊青年路支行 2015.04.20 收讫 收款单位开户行盖章

此联是收款人开户银行给收款人的收账通知

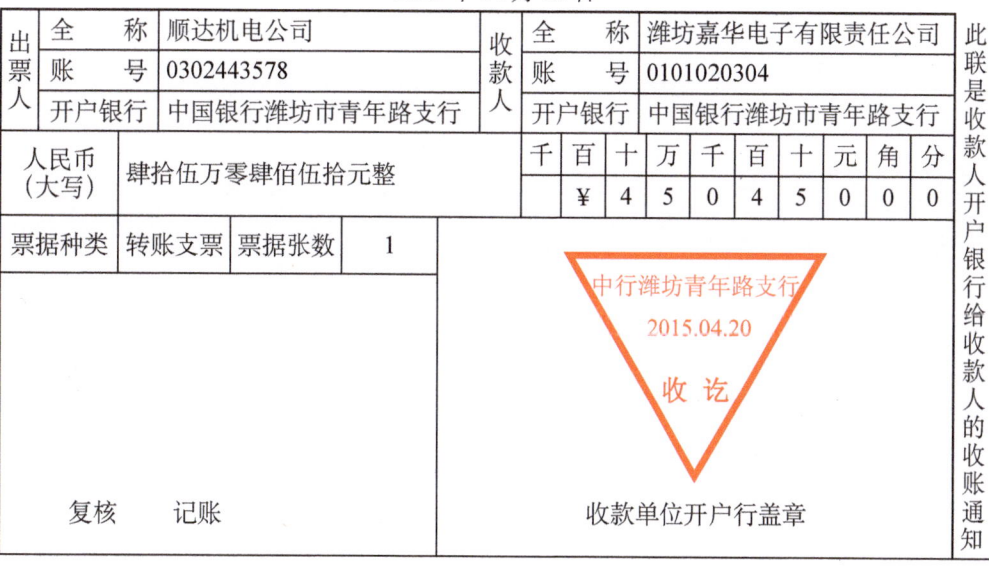

凭 4-13-1

山东省增值税专用发票

发票联

№ 096872567

开票日期：2015 年 04 月 21 日

购货单位	名　　称：潍坊嘉华电子有限责任公司 纳税人识别号：370704169354239 地 址、电 话：山东省潍坊市 0536-2900027 开户银行及账号：中行潍坊市青年路支行 0101020304				密码区	略		
货物或应税劳务名称	规格型号	单位	数量	单价	金额	税率	税额	
电		度			2 250.00	17%	382.50	
合　计：					¥2 250.00		¥382.50	
价税合计（大写）	人民币贰仟陆佰叁拾贰元伍角整　（小写）¥2 632.50							
销货单位	名　　称：潍坊市供电公司 纳税人识别号：370702296543256 地 址、电 话：山东省潍坊市 0536-88697342 开户行及账号：交通银行和平路支行 62254562578				备注	潍坊市供电公司 370702296543256 发票专用章		

第三联：发票联

收款人：　　复核：孙磊　　开票人：刘霞　　销货单位（盖章）：

凭 4-13-2

中国银行委托收款凭证（付款通知）

委托号码 531

委邮　　委托日期 2015 年 04 月 21 日　　付款日期 2015 年 04 月 21 日

付款人	全　　称	潍坊嘉华电子有限责任公司	收款人	全　　称	潍坊市供电公司
	账　　号	0101020304		账　　号	62254562578
	开户银行	中国银行潍坊市青年路支行		开户银行	交通银行和平路支行

委托金额	人民币（大写）	千	百	十	万	千	百	十	元	角	分
	贰仟陆佰叁拾贰元伍角整				¥	2	6	3	2	5	0

款项内容	电费	委托收款凭据名称	增值税发票	附寄单证张数	1

备注：	付款人注意： 1. 应于见票当日通知开户银行划款 2. 如需拒付，应在规定期限内，将拒付理由书并附债务证明退交开户银行 中行潍坊青年路支行 2015.04.21 转讫

此联付款人开户银行给付款人按期付款通知

单位主管　　会计　　复核　　记账　　付款人开户行银行盖章

凭 4–13–3

电费分割单

2015 年 04 月 21 日

使用部门	实用电量	单价	电费（元）
生产车间	1 900	1.00	1 900.00
管理部门	260	1.00	260.00
销售部门	90	1.00	90.00
合计	—	—	2 250.00

会计主管： 审核： 制单：

凭 4–14–1

山东省增值税专用发票

发票联

国家税务局监制

№ 096872987

开票日期：2015 年 04 月 22 日

<table>
<tr><td>购货单位</td><td colspan="4">名　　称：潍坊嘉华电子有限责任公司
纳税人识别号：370704169354239
地 址、电 话：山东省潍坊市 0536-2900027
开户银行及账号：中行潍坊市青年路支行 0101020304</td><td>密码区</td><td colspan="3">略</td></tr>
<tr><td colspan="2">货物或应税劳务名称</td><td>规格型号</td><td>单位</td><td>数量</td><td>单价</td><td>金额</td><td>税率</td><td>税额</td></tr>
<tr><td colspan="2">水</td><td></td><td>立方</td><td></td><td></td><td>500.00</td><td>17%</td><td>85.00</td></tr>
<tr><td colspan="2">合计：</td><td></td><td></td><td></td><td></td><td>¥ 500.00</td><td></td><td>¥ 85.00</td></tr>
<tr><td colspan="2">价税合计（大写）</td><td colspan="7">人民币伍佰捌拾伍元整　　（小写）¥ 585.00</td></tr>
<tr><td>销货单位</td><td colspan="4">名　　称：潍坊市自来水公司
纳税人识别号：37070296543232
地 址、电 话：山东省潍坊 0536-88693472
开户行及账号：交通银行和平路支行 62254562634</td><td>备注</td><td colspan="3">潍坊市自来水公司
37070296543232
发票专用章</td></tr>
</table>

第三联：发票联

收款人： 复核：肖 云 开票人：李 静 销货单位（盖章）：

凭 4-14-2

中国银行委托收款凭证（付款通知）

委托号码 539

委邮　　委托日期 2015 年 04 月 22 日　　付款日期 2015 年 04 月 22 日

付款人	全称	潍坊嘉华电子有限责任公司	收款人	全称	潍坊市自来水公司
	账号	0101020304		账号	62254562634
	开户银行	中国银行潍坊市青年路支行		开户银行	交通银行和平路支行

委托金额	人民币（大写）	伍佰捌拾伍元整	千	百	十	万	千	百	十	元	角	分
							¥	5	8	5	0	0

款项内容	电费	委托收款凭据名称	增值税发票	附寄单证张数	1

备注：

付款人注意：
1. 应于见票当日通知开户银行划款
2. 如需拒付，应在规定期限内，将拒付理由书并附债务证明退交开户银行

中行潍坊青年路支行 2015.04.22 转讫

单位主管　　会计　　复核　　记账　　付款人开户行银行盖章

此联付款人开户银行给付款人按期付款通知

凭 4-14-3

水费分割单

2015 年 04 月 22 日

使用部门	实用水量	单价	电费（元）
生产车间	62	5.00	310.00
管理部门	19	5.00	95.00
销售部门	19	5.00	95.00
合计	—	—	500.00

会计主管：　　审核：　　制单：

凭 4-15-1

领料单位：生产车间　　　　**领　料　单**　　　　编号：625144

用　　途：生产传声器　　　2015 年 04 月 22 日　　　仓库：材料库

材料编号	材料名称及规格	计量单位	数量		成本		
			请领	实领	数量	单位成本	金额
	线圈	只	30 000	30 000			
	放大器	只	30 000	30 000			
	场效应管	只	30 000	30 000			
	塑壳	只	30 000	30 000			

领料单位负责人：谭倩　　领料人：张艳　　发料人：赵莉　　制单：孟红伟

凭 4-15-2

领料单位：生产车间　　　　**领　料　单**　　　　编号：625145

用　　途：生产传感器　　　2015 年 04 月 22 日　　　仓库：材料库

材料编号	材料名称及规格	计量单位	数量		成本		
			请领	实领	数量	单位成本	金额
	线圈	只	30 000	30 000			
	放大器	只	30 000	30 000			
	场效应管	只	30 000	30 000			
	塑壳	只	30 000	30 000			

领料单位负责人：贺红　　领料人：范娟　　发料人：赵莉　　制单：孟红伟

凭 4-16-1

山东省增值税专用发票

记账联

№ 00968731

开票日期：2015 年 04 月 25 日

购货单位	名　　称：北辰机械厂 纳税人识别号：370705198901603 地 址、电 话：山东省潍坊市 0536-7600027 开户行及账号：中国工商银行东方路支行 1088000845			密码区	略		
货物或应税劳务名称	规格型号	单位	数量	单价	金额	税率	税额
放大器	AD822	只	300	2.00	600.00	17%	102.00
合　计					¥600.00		¥102.00
价税合计（大写）	⊗柒佰零贰元整		（小写）¥702.00				
销货单位	名　　称：潍坊嘉华电子有限责任公司 纳税人识别号：370704169354239 地 址、电 话：山东省潍坊市 0536-2900027 开户行及账号：中行潍坊青年路支行 0101020304			备注			

第一联：记账联　销货方记账凭证

收款人：　　复核：刘岚　　开票人：张山　　销货单位（盖章）：

（印章：山东省 国家税务总局监制；潍坊嘉华电子有限责任公司 370704169354239 发票专用章）

凭 4-16-2

材料出库单

购货单位：北辰机械厂　　2015 年 04 月 25 日　　编号 276906

编号	名称及规格	单位	数量	单位成本	总成本	备注
	放大器 AD822	只	300			多余原材料
合计						

会计主管：　　仓库主管：　　保管：　　经发：　　制单：

凭 4-16-3

中国银行 电划代收补充报单（收账通知）

2015 年 04 月 25 日

业务类型	委托收款（□邮划、□电划）			托收承付（□邮划、□电划）	
付款人	全　　称	北辰机械厂	收款人	全　　称	潍坊嘉华电子有限责任公司
	账　　号	1088000845		账号或地址	0101020304
	开户银行	潍坊中行　行号 35875		开户银行	中行潍坊青年路支行

托收金额	千	百	十	万	千	百	十	元	角	分
人民币（大写）柒佰零贰元整					¥	7	0	2	0	0

款项内容	支付货款	
备注 验单付款 复核：　记账：	上列款项已划回，收入你方账户内。	中行潍坊支行 2015.04.25 收讫 收款人开户行盖章 年　月　日

此联作收款人开户银行给收款人的受理回单

凭 4-17-1

工资费用分配汇总表

2015 年 04 月 28 日

车间及部门		应付职工薪酬	
		生产工时（小时）	分配额
生产车间	传感器工人	8 400	
	传声器工人	3 600	
	小计	12 000	79 564.26
	车间管理人员	—	10 300.00
管理部门		—	36 918.00
销售部门		—	23 746.00
合计		—	150 528.26

会计主管：　　审核：　　制单：

凭 4-17-2

代扣款项结转表

年　月　日

单位：元

部门＼项目		工资总额	医疗保险（2%）	养老保险（8%）	失业保险（0.5%）	合计	住房公积金（10%）
生产车间	传感器工人						
	传声器工人						
	车间管理人员						
管理部门							
销售部门							
合计							

会计主管：　　　　审核：　　　　制单：

凭 4-18-1

五险一金计算分配表

年　月　日

单位：元

部门＼项目		工资总额	养老保险（18%）	医疗保险（7%）	失业保险（1%）	工伤保险（0.8%）	生育保险（1%）	合计	住房公积金（10%）
生产车间	传感器工人								
	传声器工人								
	车间管理人员								
管理部门									
销售部门									
合计									

会计主管：　　　　审核：　　　　制单：

凭 4-19-1

职工福利费计提表

年　月　日

单位：元

部门＼项目		工资总额	职工福利费（14%）
生产车间	传感器工人		
	传声器工人		
	车间管理人员		
管理部门			
销售部门			
合计			

会计主管：　　　　审核：　　　　制单：

凭 4-20-1

各项经费计算分配表

年　月　日

单位：元

部门＼项目		工资总额	工会经费（2%）	职工教育经费（1.5%）	合计
生产车间	传感器工人				
	传声器工人				
	车间管理人员				
管理部门					
销售部门					
合计					

会计主管：　　　　审核：　　　　制单：

凭 4-21-1

固定资产折旧计算表

年　月　日

单位：元

使用部门	项目	原值	预计净残值率	可使用年限	折旧方法	月折旧额
生产车间						
管理部门						
销售部门						
总计						

会计主管：　　　　　　　　审核：　　　　　　　　制单：

凭 4-22-1

无形资产摊销表

年　月　日

单位：元

项目	计算基数	摊销期	月摊销额
专利权			
合计			

会计主管：　　　　　　　　审核：　　　　　　　　制单：

凭 4-23-1

本月应付利息计算表

付息单位：潍坊嘉华电子有限责任公司　　　　　　截止日期 2015 年 04 月 30 日

序号	起讫期	借款种类	计息基数	月利率	应付利息（元）
1		短期借款	200 000.00	6.5‰	1 300.00
合计			—	—	1 300.00

会计主管：　　　　　　　　审核：　　　　　　　　制单：

凭 4–24–1

制造费用分配表

年　月　日

单位：元

产品名称	生产工时（小时）	分配金额
传感器	8 400	
传声器	3 600	
合计	12 000	

会计主管：　　　　　　审核：　　　　　　制单：

凭 4–25–1

完工产品成本计算表

年　月　日

产品名称	本月完工产量（件）	项目	直接材料	直接人工	制造费用	合计
传感器	30 000	期初在产品成本				
		本月生产成本				
		合计				
传声器	30 000	期初在产品成本				
		本月生产成本				
		合计				

会计主管：　　　　　　审核：　　　　　　制单：

凭 4–25–2

产成品入库单

年　月　日

入库部门：生产车间　　　　　　单位：元

类别	编号	名称及规格	计量单位	实收数量	单位成本	总成本
		传感器	件	30 000		
		传声器	件	30 000		
合 计			—	—	—	

制表：　　　　　　保管：　　　　　　检验：

注：一式三联，一联产成品库存单，一联交基本生产车间，一联交财务部。

凭 4–26–1

销售产品成本计算表

年　月　日

单位：元

产品名称	期初结存		本期完工入库		加权平均单价	本期销售成本		期末结存	
	数量	总成本	数量	总成本		数量	总成本	数量	总成本
传感器									
传声器									

会计主管：　　　　审核：　　　　制单：

凭 4–27–1

未交增值税结转表

年　月　日

单位：元

项目	栏次	金额
本期销项税额	1	
本期进项税额	2	
本期进项税额转出	3	
本期抵扣税额	4=2－3	
本期应纳税额	5=1－4	
本期留底税额	6	
转出未交增值税	7	

会计主管：　　　　审核：　　　　制单：

凭 4-28-1

本月应交城建税及教育费附加计算表

年　月　日

单位：元

税种	计税依据				税率	应纳税金额
	增值税	营业税	消费税	合计		
城市维护建设税					7%	
教育费附加					3%	
合 计						

会计主管：　　　　　　　　审核：　　　　　　　　制单：

凭 4-29-1

本月损益类账户余额表

年　月　日

单位：元

科目名称	结转前借方余额	结转前贷方余额
合计		

会计主管：　　　　　　　　审核：　　　　　　　　制单：

凭 4-30-1

本月损益类账户余额表

年　月　日

科目名称	结转前借方余额	结转前贷方余额
合计		

会计主管：　　　　　　　　审核：　　　　　　　　制单：

凭 4-31-1

企业所得税计算表

年　月　日至　年　月　日

单位：元

项目	行数	本月数
一、营业收入	1	
减：营业成本	2	
营业税金及附加	3	
销售费用	4	
管理费用	5	
财务费用	6	
资产减值损失	7	
加：公允价值变动收益（损失以"-"号填列）	8	
投资收益（损失以"-"号填列）	9	
其中：对联营企业和合营企业的投资收益	10	
二、营业利润（亏损以"-"号填列）	11	
加：营业外收入	12	
减：营业外支出	13	
其中：非流动资产处置损失	14	
三、利润总额（亏损总额以"-"号填列）	15	
加：纳税调整增加额	16	
减：纳税调整减少额	17	
四、应纳税所得额	18	
适用税率	19	
五、应纳所得税额	20	

会计主管：　　　　审核：　　　　制单：

表 3-13

资产负债表

会企 01

编制单位：　　　　　　　　年　月　日　　　　　　　单位：元

资产	期末余额	年初余额	负债和所有者权益（或股东权益）	期末余额	年初余额
流动资产：			流动负债：		
货币资金			短期借款		
交易性金融资产			交易性金融负债		
应收票据			应付票据		
应收账款			应付账款		
预付款项			预收款项		
应收利息			应付职工薪酬		
应收股利			应交税费		
其他应收款			应付利息		
存货			应付股利		
一年内到期的非流动资产			其他应付款		
其他流动资产			一年内到期的非流动负债		
流动资产合计			其他流动负债		
非流动资产：			流动负债合计		
可供出售金融资产			非流动负债：		
持有至到期投资			长期借款		
长期应收款			应付债券		
长期股权投资			长期应付款		
投资性房地产			专项应付款		
固定资产			预计负债		
在建工程			递延所得税负债		
工程物资			其他非流动负债		
固定资产清理			非流动负债合计		
生产性生物资产			负债合计		
油气资产			所有者权益（或股东权益）：		
无形资产			实收资本（或股本）		
开发支出			资本公积		
商誉			减：库存股		
长期待摊费用			盈余公积		
递延所得税资产			未分配利润		
其他非流动资产			所有者权益（或股东权益）合计		
非流动资产合计					
资产总计			负债和所有者权益（或股东权益）总计		

表 3–14

利 润 表

会企 02 表

编制单位：　　　　　　　　　　　　年度　　　　　　　　　　　　单位：元

项目	本期金额	上期金额
一、营业收入		
减：营业成本		
营业税金及附加		
销售费用		
管理费用		
财务费用		
资产减值损失		
加：公允价值变动收益（损失以“-”号填列）		
投资收益（损失以“-”号填列）		
其中：对联营企业和合营企业的投资收益		
二、营业利润（亏损以“-”号填列）		
加：营业外收入		
减：营业外支出		
其中：非流动资产处置损失		
三、利润总额（亏损总额以“-”号填列）		
减：所得税费用		
四、净利润（净亏损以“-”号填列）		
五、每股收益		
（一）基本每股收益		
（二）稀释每股收益		
六、综合收益		
（一）其他综合收益		
（二）综合收益总额		

附录 1

《会计分岗位实训》的考核与评价

《会计分岗位实训》考核表见附表 1–1。

附表 1–1　《会计分岗位实训》的考核总表

学号	姓名	考核评价（100%）										
		平日成绩（60%）							结果考核（40%）			
		考勤情况 15%	态度效率 10%	沟通协作 15%	岗位工作质量（20%）				会计档案（30%）			实训报告 10%
					出纳 5%	记账会计 5%	成本会计 5%	总账会计 5%	凭证 10%	账本 10%	报表 10%	

说明：

1. 平日成绩

平日成绩主要从学生的考勤情况、工作态度、工作质量、沟通协调等方面进行，注重实训小组的组织管理。

（1）考勤情况主要考核能否全过程的参与实训。

（2）工作态度效率。工作态度主要考核实训态度的端正性工作的主动性以及能否出色地完成规定的工作任务；工作效率主要考核实训任务完成的及时性。

（3）工作质量主要考核实训过程的正确性、规范性以及能否通过专业知识进行职业判断，利用会计技能出色地完成实训任务。

（4）沟通协调主要考核能否和小组成员保持良好、互动的合作关系，是否具有良好的沟通表达能力以及能否主动协助下一个岗位的同学作业。

其中，出勤情况由教师负责，其他评价由小组成员互相评价。

2. 结果考核

结果考核主要包括学生提交的会计档案资料和实训报告。

其中，会计档案资料按小组提交，包括凭证、账簿和财务报表。如果不提交会计档案，实训成绩为不合格。实训报告时实训过程的纪录和总结，实训结束后，要求每名同学必须及时提交实训报告。实训报告由教师负责，其他评价由小组之间互相评价。

附录 2

工作交接表格

岗位移交清单见附表 2–1。

附表 2–1 ______________ 岗位移交清单

序号	交接项目	交接数量	备注

个人办公用品申领单见附表 2–2。

附表 2–2 个人办公用品申领单

日期：　　年　　月　　日　　　　　　　　　　　　编号：

所在部门			申请人			
编号	申请物品	规格	单位	数量	是否领取	备注
部门领导签字			领购日期			

办公用品交接登记表见附表 2–3。

附表 2–3 办公用品交接登记表

年　　月　　日

日期	物品名称	单位	数量	移交人	所在部门	接收人	所在部门	备注

附录 3

实训耗材采购统计表

实训耗材采购统计表见附表 3–1。

附表 3–1　实训耗材采购统计表

材料名称	参考数量（每人）	材料名称	参考数量（每人）
记账凭证	150 张	科目汇总表	10 张
现金日记账	1 本	增值税明细账	5 张
银行存款日记账	1 本	总账	1 本
三栏式明细账	2 本	凭证封面	6 张
数量金额式明细账	1 本	资产负债表	6 张
多栏式明细账	20 页	利润表	6 张

参考文献

[1] 财政部会计资格评价中心 . 初级会计实务 [M]. 北京：中国财政经济出版社，2015

[2] 财政部会计司 . 企业会计准则讲解 2010[M]. 北京：人民出版社，2010

[3] 史新浩，吴向阳 . 企业会计岗位实训 [M]. 北京：清华大学出版社，2012

[4] 孙振丹，郭军 . 会计分岗位实训 [M]. 北京：中国人民大学出版社，2012

[5] 陈强，刘莉，王茜 . 财务会计全真实训 [M]. 北京：清华大学出版社，2010

[6] 财政部会计资格评价中心 . 中级会计实务 [M]. 北京：经济科学出版社，2015